D1693797

Sylvia Frey Werlen

Seelenfenster

Vom Sterben der Eltern
und der Chance,
ihnen dabei neu zu begegnen

Mitgearbeitet haben

Erika Brugger Schreibbegleitung
Anne-Lea Werlen Zeichnungen
Felicitas Prescher Titelbild
Simone Bohren Grafische Gestaltung
Serge Werlen Layout
Christoph A. Müller Produktionsberatung
Isabel Frey und Jutta Müller Abschrift
Reinhardt Druck Basel Herstellung

1. Auflage 1992 1.–2. Tausend
2. Auflage 1993 3.–6. Tausend

© Sylvia Frey Werlen, Basel 1992
ISBN 3-9520295-1-3

KarpfenVerlag
Karpfenweg 30
CH–4052 Basel

Inhalt

10   Zur Einführung

Zeit zum Abschiednehmen

22   Vom Sterben der Eltern
     Mama
     Papa

Zeit zum Wiederfinden

124 Vom Räumen des Elternhauses ...
     ... und vom inneren Räumen

174 Zum Schluss

188 Erklärung einiger Dialektwörter
190 Ein "Mitgeh-Text"?

*Für meine Tochter Anne-Lea
und meinen Sohn Andri*

Alles unter der Sonne hat seine Stunde
Jedes Ding auf Erden hat seine Zeit
Geboren werden hat seine Zeit
Und sterben hat seine Zeit
Weggehen hat seine Zeit
Und sich wiederfinden hat seine Zeit …

(Prediger)

Zur Einführung

Als Mama mit 74 Jahren ihren zweiten Hirnschlag hatte, da wurde mir bange: Würde sie bald für immer weggehen?
Was wollte ich ihr in ihrer letzten Zeit noch geben? Und war da auch noch etwas, was ich von ihr brauchte?

Ich war schon vierunddreissig, und noch nie hatte mich jemand an ein Sterbebett mitgenommen. Ich hatte Angst: Was kam da auf mich zu?
Ich hatte zwar in den letzten Monaten ein paar Bücher gelesen über das Sterben. Eindrückliche Szenen waren darin beschrieben, wie Menschen voneinander Abschied nehmen und sich noch vieles sagen können. Wie wünschte ich mir das auch!
Nur – in meinem Elternhaus konnte ich mir das nicht recht vorstellen: "Mir sin halt e Familie, wo me über so Sache nit redet." Über das reden, was uns belastet, was uns unsicher macht?

Es war eine Unruhe in mir. Es kam mir vor, wie wenn ich bald in ein unbekanntes Land aufbrechen müsste, ein Land, von dem ich ausser ein paar Postkarten von einigen Sehenswürdigkeiten nichts in der Hand hatte. Es fehlte mir jemand, der mir erzählt hätte von seinen Wegen und Umwegen in diesem Land...

Früher, auf dem Lande, wäre ich wohl schon früh an der Hand meiner Mutter zu einer sterbenden Tante mitgenommen worden.

Und dann kam denn auch eines Tages das Telefon, auf das etwas in mir schon lange gewartet hatte: "Komm schnell, Mama geht es nicht gut."
In jenen Tagen blätterte ich in einer Zeitschrift und stiess auf einen kurzen Artikel, in dem eine Frau die letzten Wochen ihrer krebskranken Mutter beschreibt. Eine Szene ist mir besonders in Erinnerung geblieben: Sie und ihre Geschwister sitzen bange vor dem Krankenzimmer und fragen sich immer wieder: Wird es wohl heute so weit sein oder... Genau so war es uns in den letzten Tagen ergangen, als die Sterbezeit meiner Mutter begann.

Ich war froh, dass die Journalistin nicht nur die intensiven Momente beschrieb, sondern auch die Zeiten, in denen Triviales, Alltägliches sich dazwischenschob. So konnte ich mir diesen letzten Weg mit den Eltern besser vorstellen. Und ich sagte mir, später werde ich einmal aufschreiben, was ich jetzt erlebe und anderen davon erzählen, auch vom "scheinbar Banalen", auch von dem "Dazwischen".

In den nächsten paar Monaten war Mama wirklich in einem Zwischenland. Sie hatte sich von ihrem dritten Hirnschlag wieder etwas erholt, aber wie lange würde sie noch leben?

War jetzt die Zeit, um miteinander zu reden? Aber wie schwer das war!
Mama verlor immer wieder mitten im Satz die Worte. Und ich? Ich sehe mich noch, wie ich mit der Teetasse in der Hand im Türrahmen stehenbleibe. Ich möchte noch etwas sagen. Aber ich weiss nicht wie und eigentlich auch nicht was. Da merke ich plötzlich, dass ich auf ein Loch von ungesagten Worten starre und dabei, dicht daneben, die Sprache hinter der Sprache übersehe. Die Sprache, die sich in kleinen Gesten und Andeutungen ausdrückt – und auch im Schweigen.

Eineinhalb Jahre nach Mama starb auch Papa mit 85 Jahren. Und wieder erlebte ich, dass das, was mir vorher so Angst gemacht hatte, plötzlich viel einfacher war, als ich es mir vorgestellt hatte. An der Schwelle des Todes zu einem neuen Land wurde so viel Kompliziertes und Verstelltes klarer und elementarer. Als die Zeit des Handelns vorbei war, als es nur noch darum ging, die Hilflosigkeit auszuhalten, neben dem Bett zu sitzen, die Lippen zu befeuchten, zu warten – in dieser letzten gemeinsamen Zeit sind mir meine Eltern so viel nähergekommen.
Davon möchte ich erzählen.

So habe ich, nach dem Tod meiner Eltern, die Tagebuchnotizen hervorgeholt und in einem Zug aufgeschrieben, was ich erlebt hatte. Dieses Schreiben war nicht schwierig. Ich musste ja nur erzählen, wie es für mich war. So wie es halt war.

Davon handelt Teil I des Buches.

Als der Vater eines Freundes schwer krank wurde, habe ich ihm diesen Text zum Lesen gegeben. Später sagte er zu mir: "Als ich deinen Text las, war es, als ob du mich in dein Elternhaus mitgenommen hättest. Und nachher, als mein Vater im Sterben lag, war es, als ob du mit mir gekommen wärst. Wenn ich nicht wusste, wieviele Medikamente ich ihm noch geben sollte, warst du in der Nähe. Oder, als wir anfingen, Papas Schreibtisch zu verstellen... Es tat gut zu wissen, dass jemand anders es ähnlich erlebt hat."

So ist die Idee zu diesem "Mitgeh-Text" entstanden.

Erst nach einiger Zeit habe ich festgestellt, dass nach dem Tode meiner Eltern vieles nicht zu Ende war. Im Gegenteil: Einiges war erst in Bewegung gekommen.

Beim Räumen des Elternhauses habe ich gemerkt, dass ich eigentlich wenig über meine Eltern wusste. Als Kind waren sie einfach da gewesen. Aber wer waren sie eigentlich? Mit jedem Gegenstand, jeder Notiz, die ich fand, wurden mir neue Seiten von ihnen sichtbar. In den folgenden Jahren hat sich mein Bild von ihnen immer wieder verändert. Und ich merkte, dass ich sie aus meinen alten Bildern nur ungern herauslassen wollte.

Mit den Erinnerungen kam auch ich mir selbst als Kind wieder entgegen. Schönes stieg herauf, aber auch Schwieriges.

In den wenigen Wochen, verteilt über Jahre, in denen ich die nötige Zeit und Ruhe fand, habe ich jeweils weitergeschrieben und zu fassen versucht, was ich beim äusseren und inneren Räumen erlebte. Von diesem äusseren und inneren Räumen handelt Teil II des Buches. Dieses Schreiben war nicht mehr so einfach wie das Schreiben von Teil I. Es war mir, als käme ich in immer noch einen weiteren Keller. Immer wieder verschob sich dabei das, was ich ein paar Monate vorher geschrieben hatte und stimmte nicht mehr.

Am Anfang habe ich vor allem über meine Eltern geschrieben. Aber wie konnte ich ihnen gerecht werden? War es nicht sehr bruchstückhaft, was ich von ihnen sehen konnte?

Und durfte ich denn auch über ihre schwierigen Seiten schreiben? De mortuis nil nisi bene? Von den Toten nichts als Gutes?

Bis ich merkte, dass es ja nicht nur um sie ging, sondern auch um mich. Was ich erlebt hatte und was mir gefehlt hatte.
Als ich das aufschreiben konnte, was ich mir von ihnen gewünscht hätte, da konnte sich in mir ein Groll auflösen – und es wurde mir sehr viel leichter.
Vieles, was ich an ihnen sah, bemerkte ich nun auch an mir selbst. Seiten, die mir an mir selbst nicht besonders gefielen. Und plötzlich konnte ich auch wieder lachen, über meine Eltern und über mich selbst.

Das war kein einfacher Prozess.
Ich habe nachgeschaut, woher das Wort Prozess kommt. Von "Pro-cedere". "Pro" heisst für und "cedere" loslassen. Etwas loslassen für etwas Neues.
Jahrelang habe ich an meinen Eltern herummodelliert: Wärt ihr doch... Hättet ihr nur... Bis ich endlich den Modellierstab weglegen und sie gehenlassen konnte.

*Da ist ein Fenster aufgegangen und frische
Luft ist hereingekommen.
Und ich habe die Hand frei bekommen für
Neues.*

*Als ich den Modellierstab weglegte, musste ich
auch weniger an mir selbst herummodellieren.
Denn ich bin ja auch so eine Mutter mit ihren
Grenzen und Fehlern.*

*Das Wort Tradition kommt von trans-dare.
Etwas hinübergeben – von einer Generation
zur andern.
Mir wurde klar, dass ich manches nicht übernehmen will, was mir meine Eltern vorgelebt
haben. Doch daneben habe ich schliesslich
auch das sehen und nehmen können, was mir
meine Eltern an Kostbarem geben wollten.*

*Was für ein Glück, dass so etwas weitergehen
kann: von den Eltern zu mir und dann vielleicht zu meinen Kindern.
Wie ein Fluss, der weiterfliesst.*

*Meine Erfahrungen der letzten Jahre möchte
ich nun mit diesem Buch an andere weitergeben.*

*Bruno und René, meine beiden Brüder, haben
durch ihr Mitdenken und einen finanziellen*

Zuschuss beigetragen, dass das "Seelenfenster" jetzt im neugegründeten KarpfenVerlag erscheinen kann. Und viele Freundinnen, Freunde und Bekannte haben mir beim Schreiben weitergeholfen, indem sie die Texte gelesen und von ihren eigenen Eltern erzählt haben. Danke!

Ein Bekannter von mir hat den zweiten Teil des Buches gelesen und gesagt: "Ich habe dadurch Lust bekommen, wieder einmal zu meinen Eltern heimzugehen. Und ich habe mein Elternhaus und auch sie mit anderen Augen angesehen. Wir hatten es besser miteinander als sonst. Ich war irgendwie lockerer."

Wie schön, wenn dieses Buch eine solche Wirkung haben kann.

Wie hat meine Mama immer wieder gesagt? Einmal die Erde lockern ersetzt manchen Regen.

Sylvia Frey Werlen

Zeit zum Abschiednehmen

Vom Sterben der Eltern

Mama

Ein Telefongespräch

Nach dem Telefongespräch halte ich den Hörer noch einen Moment in der Hand: Nie habe ich in der Stimme meines Vaters eine solche Angst gehört: "Komm schnell, Mama geht es nicht gut!"
Mama liegt im Elternschlafzimmer im Bett. Ich erschrecke. Sie atmet schwer, ihre Wangen sind eingefallen. Müde öffnet sie die Augen und sagt: "Ah du, gut, dass du gekommen bist." Ein leichtes Lächeln, und dann schliesst sie die Augen wieder. Ich denke: Vielleicht beruhigt es sie, wenn ich ihre Hand halte, und merke: Sie beruhigt dabei *mich*. Ich spüre meine Angst im ganzen Körper. Geht Mama nun weg? Mach ich das, was es jetzt braucht?

Ich sitze eine Weile an ihrem Bett. Das ist nun schon ihr dritter Schlaganfall. Beide Male konnte sie danach kaum mehr reden. Sie ist sechsundsiebzig. Ich gehe in die Stube. Mein Vater sitzt am Tischchen, eine Zeitung vor sich. Wie es denn passiert sei? Er könne es auch nicht verstehen. Gestern Abend hätten sie um zehn Uhr noch zusammen einen Cynar getrunken. Sie habe da nichts gesagt. In der Nacht habe er dann gegen Morgen gemerkt, dass sie aufgestanden sei und den Weg ins Bett fast nicht mehr fand. Dann habe sie sich hingelegt. Sie habe ziemlich schwer geatmet,

aber das sei in letzter Zeit manchmal so gewesen.
Heute Morgen um zehn Uhr sei ihm aufgefallen, dass sie so lange schlafe. Doch dann sei sie aufgestanden und in die Küche gekommen zum Kaffeetrinken. Es sei nur seltsam gewesen, dass sie keine Socken angezogen habe. "Das macht si suscht doch nit!" Ob sie denn noch habe reden können? Ihm sei nichts aufgefallen. "Mir rede halt nit vil." Und dann habe sie sich wieder ins Bett gelegt und habe versucht, ihn zu rufen. Da habe er erst gesehen, dass es ihr sehr schlecht gehe. Ja, dem Doktor habe er telefoniert, der werde jetzt wohl kommen.

Ins Spital?

Es läutet. Ich schaue zu, wie der alte Hausarzt Mama untersucht. Er redet sehr laut mit ihr. Da öffnet sie die Augen, lächelt und sagt brav: "Es geht gut" – und schliesst wieder die Augen. Sie scheint weit weg zu sein. Ich folge dem Arzt in die Stube. "Ja, das sieht gar nicht gut aus. Sie hat wohl noch einen Schlaganfall gehabt. Ich glaube, wir bestellen nun die Ambulanz." "Nein, nein", sagt mein Vater mit einem Zittern in der Stimme, "wir lassen sie hier, das hat sie sich immer gewünscht. Sie soll nicht mehr geplagt werden, da im Spital." Ich bin froh, dass er das sagt. Ich habe beim Herfahren das gleiche gedacht. "Wie Sie meinen ..., es wird vielleicht auch nicht mehr lange gehen. Ich komme später wieder vorbei." Und zu mir: "Können Sie bleiben?" Ich nicke und denke flüchtig daran, wen ich bitten könnte, zu meinen Kindern zu schauen. "Müssen wir nicht auch die Gemeindeschwester rufen?" "Ach, warten wir noch damit."

Was tun? Als sich die Türe hinter dem Arzt schliesst, merke ich, wie aufgeregt ich bin. Was muss ich jetzt tun? Ich setze mich wieder einen Moment ans Bett. Spüre wieder, wie etwas Beruhigendes von Mamas Hand in meine fliesst. Ich wechsle das Leintuch und ziehe ihr ein frisches Nachthemd an. Dabei wird mir bewusst, dass ich sie noch nie nackt gesehen habe. Aber jetzt ist alles so selbstverständlich. Was habe ich im Kurs für häusliche Krankenpflege vor zehn Jahren denn nur schon wieder alles gelernt? Es ist weit weg – aber auch nicht so wichtig. Dankbar trinkt Mama einen Tee, lächelt wieder und dreht sich ab. Schläft sie?

Mein Vater sitzt wieder verloren in der Stube vor seiner Zeitung. Ob er nicht ein wenig zu Mama gehen wolle? Was er denn da machen müsse? Ihr einfach ein wenig die Hand halten. Dankbar schaut er mich an und geht. Seit ich mich erinnern kann, haben sich die zwei nicht mehr die Hand gehalten.

Für den Notfall

Ich suche im ersten Stock nach einer Schachtel, die ich die Jahre hindurch immer wieder gesehen habe: "Krankenutensilien". Da ist sie. Ich muss lachen. In solchen Momenten hat meine Mutter jeweils gesagt: "Gsesch, me cha's numme näh." Ich erschrecke: Hat meine Mutter gesagt? Und wenn sie bald nichts mehr sagt? Wird sie diese Schachtel nie mehr herausnehmen können? Da fällt mein Blick auf eine andere Schachtel: "Sachen zum Versehen". "Schau", hat meine Mutter schon zu mir als Kind gesagt, "wenn jemand von uns einmal die letzte Ölung braucht: Do isch alles parat." Ich zögere einen Moment. Ob wir diese Schachtel jetzt brauchen? Doch dann lasse ich sie stehen.

Als ich herunterkomme, atmet Mama noch mühsamer. Sie ist kaum mehr ansprechbar. Papa und ich sehen uns traurig über das Bett hinweg an. Dann gehen wir in die Stube. "Hast du versucht, René zu erreichen?", frage ich. "Ja weisst du, er ist doch in Südfrankreich, und Bruno ist, glaube ich, schon in die Türkei abgeflogen." Ferienzeit – Sterbezeit? Wir müssen meine Brüder zurückrufen.

Mein Vater und ich versuchen herauszufinden, wo sie genau sind, wie wir sie erreichen können. In den Ohren habe ich: Dringender Rückruf: Herr M. aus X wird gebeten, sich sofort bei Y zu melden. Mir kommen die Tränen. Ich merke, dass mein Vater und ich uns in dieses fieberhafte Suchen stürzen, um etwas machen zu können.

Zu trinken geben. Mama will die Medizin nicht nehmen. Den Topf unterschieben. Zudecken. Warten.

Ich denke, wir müssen wohl den Priester rufen. Ich selbst bin weit weggekommen von der Kirche, aber ich weiss, dass es für meine Mutter wichtig ist, wichtig gewesen ist. Weiss ich noch, was sie sich jetzt wünscht? Sie scheint mir so unendlich weit weg. Mein Vater will seinen Freund rufen, der Pfarrer ist. Aber den mag meine Mutter nicht. "Warum fragen wir nicht einen Priester aus eurer Pfarrei, ob er kommt?" "Ach, die kennen wir halt nicht, aber wenn du meinst?"

Dann gehe ich wieder in den ersten Stock und hole die Schachtel, auf der "Zum Versehen" steht. Meine Mutter hat sorgfältig jeden der Gegenstände eingewickelt. Zwei Kerzenhalter, ein Kreuz, verschiedene Schälchen. Und da ist ein Zettel mit Mamas Schrift: "Reçu de Maman 1940, durchgesehen 1976." Alles ist tadellos, blütenweiss die kleine Spitzendecke.

Es tut mir gut, wie ich die Sachen auf einem Tischchen bereitstelle, noch ein paar Blumen aus dem Garten hole und neben das Bett von Mama stelle. "Schau, jetzt können wir es gebrauchen", sage ich zu ihr. Da leuchten ihre Augen einen kleinen Moment auf. Auch sie hat diese Utensilien schon bereitgestellt für ihre Mutter.

Ein bärtiger junger Mann in einer Windjacke steht vor der Tür. Mein Vater – er ist 83 – staunt: Aha, das ist der Vikar.

Stärkung auf den Weg

Der Priester redet zuerst allein mit Mama. Und dann stehen wir, mein Vater, der Vikar und ich, um das Bett. Meine Mutter hat sich etwas aufgerichtet und lauscht den Worten des Priesters. Er spricht etwas betulich, in der Art:" Morn goht's uns denn scho wider besser." Mama verzieht das Gesicht, sie muss husten. Die Gebete jedoch sind einfach und schön. Sie steigen herauf aus alten Zeiten, als ich noch freiwillig im Morgengrauen in der Kirche kniete: Vater unser, der Du bist im Himmel und Mutter unser, bitte für uns arme Sünder jetzt und in der Stunde des Todes. Amen.

Der Priester salbt mit einem Wattebausch Augen, Ohren, Nase und Mund. Damit ihr verziehen werde, was sie mit diesen Organen gesündigt hat in ihrem Leben? Oder um sie frei und offen zu machen, damit sie sieht, hört, riecht und schmeckt, was auf sie zukommt auf der Reise, die sie nun antritt?

Warum spricht der Vikar nicht davon? Warum redet er nur von der Krankheit, und dass alles nicht so schlimm sei?

"So, jetzt kannst du alles wieder versorgen", meint mein Vater, nachdem der Priester wieder gegangen ist. "Dann essen wir etwas." Mir ist um beides nicht zumute. Ich lösche die Kerzen aus und stelle sie auf die Kommode. Vielleicht brauchen wir sie noch. Mama scheint zu schlafen.
Mein Vater und ich sitzen in der Küche und löffeln eine Suppe. "Hier, nimm einen Schluck Wein." Weiterleben?

Ich hole einen besseren Nachttopf bei der Nachbarin. Sie hat letztes Jahr ihren Mann zu Hause gepflegt, während langer Wochen, bis er gestorben ist. Ich bin ihr dankbar, dass sie ihre Hilfe anbietet. Froh bin ich auch, dass meine Freundinnen und Serge, mein Mann, zu meinen Kindern schauen, so dass ich dableiben kann.

Ein Abendtrunk

Meine Mutter will mir etwas sagen. Will sie etwas zu trinken? Tee? Nein. Milch? Nein. Eine Bouillon? Sie schüttelt ungeduldig den Kopf und versucht, ein Wort zu formen auf ihren Lippen. Endlich verstehe ich: Sie will einen Cynar!
Sie trinkt ihn mit einer entschiedenen, befriedigten Miene und schläft dann ein.

"Schlaf du bei Lily", sagt mein Vater, "weisst du, ich höre halt nichts mit meinem tiefen

Schlaf, und du kannst besser schauen. Ruf mich, wenn etwas ist."
Etwas verloren liege ich auf dem Bett neben Mama. Ich am Platze meines Vaters? Immer wieder geht mein Blick zu meiner Mutter hinüber. Ich lausche auf ihren Atem, der manchmal unregelmässig ist, stockt. Da steigt Angst in mir hoch, unendliche Hilflosigkeit. Ich gehe zu den Kerzenständern, zünde die Kerzen an und setze mich wieder auf das Bett. Das sanfte Licht der Kerzen erfüllt das Zimmer. Ich habe das Bedürfnis, mit jemandem zu sprechen. Mit wem? Meine Lippen formen Worte. Gebete?
Dann lösche ich die Kerzen und gleite in einen leichten, ruhigen Schlaf.

Am nächsten Morgen nimmt Mama ihre ganze Kraft zusammen, will aufstehen. "Bleibe doch", sage ich, "das ist doch zu anstrengend für dich." Doch sie schüttelt energisch den Kopf. Als mein Vater und ich sie stützen, sind wir beide erschüttert: Aus der starken, imposanten Frau ist ein Häufchen Elend geworden. Wie viele Kilo sie noch wiegt?

Dann steht René, mein Bruder, mit seiner Frau Verena am Gartentor. Ich habe ihn noch nie weinen gesehen. Wir umarmen uns. "Wie geht's?" Ich zucke die Schultern. "Schau selber." Danach sitzen wir uns schweigend in der Stube gegenüber. "Was meint der Dok-

Wir Geschwister

tor?" "Sie hat kaum mehr Chancen." – "Seid ihr jetzt gerade angekommen?"
Was sollen wir sagen? Was sollen wir einander sagen, wir kennen uns ja kaum mehr.

Und dann kommt Schwester Hedy, die Quartierkrankenschwester. Gross und vertrauenerweckend steht sie vor der Tür und nimmt nun die Pflege von Mama in ihre Hände. Ich spüre, dass sie schon seit vielen Jahren nicht nur Erfahrung hat im Umgang mit kranken Menschen, sondern dass sie sich auch eindenken und einfühlen kann in uns, die Angehörigen.
"Wissen Sie", sagt sie, "ich glaube, Ihre Mutter hätte in der Intensivstation kaum weitergelebt. Hier ist sie doch daheim. Bei Euch."

Auch Bruno, mein zweiter Bruder, ist nun gekommen. Er ist vier und René sechs Jahre älter als ich.
Wir Geschwister erleben uns zum erstenmal seit langer Zeit anders. Sonst haben wir an den sporadischen Familienfesten die Zeit dafür gebraucht, um einander zu zeigen, wie gut wir sind... Jetzt wechseln wir uns ab in der Betreuung von Mama.
Die Krankenschwester kommt, Gott sei Dank, zweimal pro Tag. Das gibt uns die Sicherheit, bei der Pflege nichts Wichtiges zu übersehen. Und auch für meine Brüder, die in ihrem Leben noch kaum ein Ei selber aufge-

schlagen haben (das machen die Frauen), werden die notwendigen Dinge – wie zu trinken geben, zudecken, auf dem Weg zum Badezimmer stützen – zu etwas Selbstverständlichem.

Am dritten Abend geht es Mama noch immer sehr schlecht. Ich schaue den Arzt und die Schwester an. Was sagen ihre Gesichter? Geht es noch lange?

Wir alle haben das Bedürfnis, noch einmal mit unseren Kindern, Partnern und Partnerinnen vorbeizukommen, Abschied zu nehmen. Meine vierjährige Tochter schaut gebannt zu, wie ich Mama etwas zu trinken einflösse. Das Kind streichelt die Hand. Und die alte, geäderte Hand sucht ihrerseits die kleine Patschhand.
Auf dem Heimweg fragt meine Tochter: "Du, warum wird Grossmami wieder ein Baby?"

Grenzland

Nachdem ich viermal bei Mama geschlafen habe, besteht die Krankenschwester darauf, dass ich jetzt wieder einige Nächte zu Hause bleibe, durchschlafe. Ich bin froh darum.

So gehen die Tage dahin. Mir scheint, Mama ist im Niemandsland. In welche Richtung wird sie gehen? Vorwärts ins Licht? Oder rückwärts, in geschenkte Tage? Mir scheint,

dass sie nun eine Sensibilität hat, der nichts Wichtiges entgeht.
Und ich spüre auch, wie ich mich um sie herum ins Handeln flüchte, ins Verhandeln, Überhandeln, Zuhandeln.
In diesem Grenzland zwischen Leben und Sterben wird sichtbar, was in mir selbst lebt und auch, was in mir selbst nicht lebt. Noch nicht.

Mama fängt Sätze klar an. Dann findet sie das weitere Wort nicht, fängt nochmals an, ist entmutigt oder verärgert. Sie scheint etwas ganz Bestimmtes sagen zu wollen. Wir rätseln, was es sein könnte: "Papa abestiige, 'Gaza-Streifen', holen."

Soll Papa in den Keller steigen und ihren Schmuck heraufholen? Das könnte es sein.
Sie hat die Schatulle vor sich liegen und befühlt mit den Händen die einzelnen Schmuckstücke. Und nun verteilt sie an René, Verena, Bruno und mich, die wir ums Bett herumstehen.
Vor ein paar Monaten hat sie gesagt, sie wolle mit mir noch eine Liste machen, wem sie was schenken möchte. Sie ist nicht mehr dazu gekommen. Sie war immer dafür, die Sachen klar zu regeln.

Schon vor Jahren hat sie ein Sterbetestament geschrieben, in dem sie wünschte, dass man

ihr Leben nicht sinnlos verlängern solle und den Satz zitiert: "Don't add time to life, but life to time." Hänge nicht Zeit ans Leben, sondern bringe Leben in deine Zeit. Doch was heisst das jetzt? Für sie? Für mich?
Papa ist sehr besorgt, ja zärtlich zu ihr. Bekommt sie jetzt – an der Schwelle – das, was sie ein Leben lang vermisst hat?

Anne, eine Freundin, erzählt mir, dass ihre Grossmutter über achtzig war und wohlauf. Eines Tages habe sie ihre Töchter zu sich gerufen und gesagt: "So, jetzt ist es Zeit." Sie hat von ihnen Abschied genommen und ist darauf in ihrem Fauteuil gestorben. Sie sei so klar gestorben, wie sie gelebt habe.
Wie werde ich einmal sterben?

Die Ferienzeit geht zu Ende. Wir haben alle wieder unsere Arbeit, die auf uns wartet. Wir finden Hauspflegerinnen, die uns an einigen Nachmittagen entlasten können.

Ich träume: **Gartengerät**
Ich habe im Schlafzimmer meiner Mutter meinen Koffer und Gartengerät stehengelassen. Ich kann deshalb nicht wegreisen.
Wohin will ich reisen? Welche Erde habe ich zu bearbeiten? Das ist etwas vom letzten, was Mama mir noch hat zuliebe tun wollen, bevor sie wieder krank geworden ist: Sie hat mir Rechen und Hacken ihres Gartens mitgege-

ben für meinen neuen, kleinen Garten. Und sie wollte auch, dass der Gärtner Rosen aus ihrem Garten in meinen verpflanzte...

Worte suchen

Jean, der Patensohn meiner Mutter, ist aus dem Welschland gekommen. Er spricht ihr geliebtes Französisch. In der letzten Zeit gebraucht sie immer wieder Brocken "ihrer" Sprache. (Sie ist als Schweizerin in Frankreich aufgewachsen und liebt alles, was in Verbindung stand mit der "culture française"). Auch jetzt lebt sie auf, kann ganze Sätze bilden. Wie Jean sagt: "N'est-ce pas, tante Lily, dans ta langue tu pourras parler toujours!" (Nicht wahr, in deiner Sprache wirst du immer reden können), da lacht sie glücklich. So ein schönes Lachen mit ihrem zahnlosen Mund.

Jean geht mit Papa essen, und ich bleibe bei Mama im stillen, grossen Haus.

Ich liebe sie, diese ruhigen Zeiten. Ich sitze dann neben Mama auf dem Bett mit einer Handarbeit, und wir versuchen, miteinander zu sprechen. "Wenn I im Himmel by..." beginnt sie heute, aber sie kann nicht weitersprechen. Ich frage sie, ob sie uns verlassen möchte. Da schaut sie nur nachdenklich vor sich hin.

Eine Freundin sagte mir einmal, beim Sterben müsse eine Mutter ihre Kinder nicht nur verlassen, sie müsse die Kinder auch gehen lassen.

Vor ein paar Monaten habe ich mich intensiv mit den Büchern von Elisabeth Kübler-Ross beschäftigt. Ich nehme sie nun wieder hervor. Warum fällt es mir nicht leichter, mit Mama übers Sterben zu sprechen?

Man stirbt so, wie man gelebt hat. Und kann man beim Sterben nur so miteinander reden, wie man im Leben hat miteinander reden können?

Gestern hat Mama plötzlich ganz klar zu mir gesagt: "Du hast Strahlenaugen." Wie mich das gefreut hat. So etwas hat sie in 37 Jahren nie zu mir gesagt, meine ich. Oder habe ich es vergessen?

Serge, mein Mann, sagt zu mir: "Ihr sprecht mit eurer Mutter nur über Dinge, nicht über euch."

Mama: "Wie machen es alte Leute zum Avertieren?" Ich verstehe nicht. Sollen wir eine Glocke installieren? Sollen wir öfters bei ihr hereinschauen, damit sie uns sagen kann, wenn sie etwas braucht? Oder möchte sie uns über etwas anderes avertieren, Nachricht geben? Ich sage zu Papa, dass ich es traurig finde, dass wir Mama nicht verstehen können.

Er: "Ja, ja, da kann man halt nichts machen. Am besten ist es, man fragt gar nicht mehr." Nach wievielem fragen wir Gesunden uns nicht – oder nicht mehr?

Leben verlängern? Mama muss pro Tag zwölf verschiedene Pillen nehmen: Für das Herz, für den Kreislauf, um schlafen zu können und so weiter. Sie will sie nicht mehr nehmen. Möchte sie sterben? Verlängern wir mit diesen Medikamenten gegen ihren Willen das Leben?
Ich bin froh, dass ich im Ferienvertreter des Hausarztes jemanden finde, mit dem ich in Ruhe über diese Fragen sprechen kann, der mir erklärt, weshalb die verschiedenen Medikamente einander bedingen. Er ist bereit, die Dosis herabzusetzen. Wir bieten ihr nun weiterhin die Pillen an, aber wir drängen sie nicht, sie zu nehmen.

Zum erstenmal seit dem Schlaganfall fahre ich wieder für einen Tag weg. Doch meine Gedanken sind bei Mama und es tut mir gut, mit Freunden zu sprechen, zu hören, wie es für sie war, als ihre Eltern im Sterben lagen. Ruth sagt: "Mein Vater war lange krank. Ich bin froh, dass wir uns in dieser letzten Zeit noch so manches sagen konnten. Mir schien, sein Körper zehrte sich langsam auf. Er hat sich stufenweise von uns zurückgezogen."
Hildegard: "Ich habe meine Mutter zum letzten Mal im Altersheim besucht. Aber sie hat

mich nicht mehr erkannt. Das ist schwer für mich. Jetzt noch."
Das Nichtgelebte verstopft den Ausgang aus dem alten Leben. Und auch den Eingang zu einem neuen Leben.

Anne-Lea, meine kleine Tochter, beklagt sich, dass ich schon wieder zu Grossmama gehe. "Weisst du, mein Mami hat auch immer gut zu mir geschaut, als ich klein war. Sie ist in der Nacht immer wieder aufgestanden, wenn ich geweint habe. Jetzt möchte ich halt auch ein wenig bei ihr sein." "Stirbt denn jetzt s'Grossmami?" "Vielleicht schon." "Wo geht sie dann hin?" "Wir wissen es nicht genau. Aber ich glaube, dass wir dann wieder leben, irgendwo."

Ich schaue dann zu dir

Nach einiger Zeit höre ich sie hinter mir im Auto sagen: "Gäll Mami, wenn's Grossmami denn wider jung isch und du älter, denn lueg ich zu dir, wenn du öppis bruchsch."
Wie mich das rührt.

Bruno, mein Bruder, will ebenfalls eine Sterbeverfügung schreiben. Er möchte dann auch gehen können.
Aber kann ich jetzt schon wissen, wann es für mich Zeit sein wird? Vielleicht hat Leiden, Warten, Noch-nicht-gehen-können auch seinen Sinn?

Ilia sagt: "Die Ansprüche an eine Mutter hören nie auf." Welche Ansprüche habe ich an Mama? Was möchte ich ihr noch geben, was noch sagen? Warum finden die wichtigen einfachen Worte nicht den Weg aus meinem Mund?

Ursula erzählt mir, dass sie eine Lieblingstante hatte, eine sehr selbständige, starke Frau. Doch kaum habe sie ins Altersheim ziehen müssen, sei sie zerfallen. Es habe ihr weh getan, dass der Pfarrer bei der Beerdigung nur nichtssagende Worte gefunden habe für diese ganz spezielle Frau. Und sie fragt sich, warum sie selbst nicht aufgestanden ist und das gesagt hat, was ihr wichtig war.
Was habe ich an Mama gern, worin ist sie eine ganz spezielle Frau?

Die Macht der Helfenden

Ich bringe Blumen mit, mache die Wäsche, koche, taue den Kühlschrank ab. "Komm, setz dich", sagt Papa, "jetzt hast du viel gemacht."

Mama versucht wieder, etwas zu sagen, weint, weil es nicht geht. Hat sie Angst, uns zur Last zu fallen?
Als ich an einem Morgen komme, wirft Papa Papiere weg, die Mama im Küchenschrank seit Jahren gesammelt hat. "Die bruche mer nümm." Ich stelle den Mixer woanders hin. Wir beginnen, Mamas Bereich zu verändern.

Jetzt ist Mama schon fast einen Monat lang krank. Sie spricht kaum mehr etwas, sagt nur "Danke", lächelt, weint.
René besteht darauf, eine Haushälterin zu suchen. Ich bin unsicher: Wollen wir Geschwister jetzt etwas abschieben?
Gestern hat mich Papa bis zum Gartentor begleitet, er schien müde, hatte Tränen in den Augen. "Weisst du", sagte er, "ich muss doch auch einmal fort." Wir haben ihn schon seit längerem ermutigt, wieder an einigen Abenden seine Freunde zu treffen. Er wird sie noch brauchen können.

Meine Tochter sieht meine Hände an, deren Adern man gut sehen kann. "Lueg, die sin wie bim Grossmami, wärde mini jetzt au bald so?"

Altern

Ja, manchmal schaue ich meinen Körper an und sehe, dass er auch schon anfängt zu altern. Und ich sehe Mamas ausgemergelten Körper vor mir. Ihre Hautfalten sind wie eine Landschaft. So wie Hügel und Schluchten von Wasser, Hitze, Wind gestaltet wurden, so haben Schmerzen, Angst, Lust und Hoffnung auf diesem Körper Spuren hinterlassen.
Auch die Sorge um mich? Auch die Freude an mir?

Die Gemeindeschwester redet im "Mameli-Papeli-Stil" mit Mama. "So, jetzt wollen wir ganz schön aufsitzen, prima." Warum das? Wird den Kranken so die Möglichkeit, über sich selbst zu verfügen, genommen? Ist das der Preis, den wir Helfenden für unseren Einsatz fordern? Ich merke es an mir selber: Die Rolle der Tochter, die zu allem bestens schaut, gefällt mir nicht schlecht. Bin ich darum skeptisch gegenüber der Idee einer Haushälterin?

De mortuis nil nisi bene. Von den Toten nichts als Gutes, gilt das auch von den Kranken? Nehmen wir ihnen dadurch nicht einen Teil ihrer Menschlichkeit? Und uns die Chance einer wirklichen Begegnung?
Gestern habe ich zu Mama gesagt: "Du, du kannst ruhig auch einmal verärgert sein." Da hat sie – seit langem wieder einmal – gelacht, nicht nur gelächelt.
Und was mache ich mit *meinem* Ärger, *meinem* Müdesein, mit *meiner* Angst?

Sie will wieder dabeisein

Es ist Sonntagabend. Die ganze Familie sitzt in der Stube des Elternhauses. Wir reden miteinander, auch über Mama, wer von uns wann da sein wird nächste Woche. Da steht plötzlich Mama unter der Türe, und dann setzt sie sich mit einem leicht bitter-triumphierenden Lächeln in ihrem Nachthemd aufs Sofa, mitten unter uns. Hier bin ich, scheint sie zu sagen, jetzt habt ihr wieder mit mir zu rechnen. Und dann trinken wir alle miteinander einen Cynar.

Langsam geht es Mama besser. Frau M., die wir schliesslich von der Hauspflege kommen liessen, schaut nun, dass der Haushalt wieder in Schuss kommt, und dass Mama auch richtig isst.
Ein paar Tage später empfängt mich Papa voll Freude: "Stell dir vor, sie ist aufgestanden und hat mit uns gegessen!"

Papa und Frau M. verstehen sich prima. Frau M. ist freundlich und tüchtig. Sie stellt fast alles um.

Jetzt habe ich wieder mehr Zeit, einfach neben Mama zu sitzen und etwas zu stricken oder auch nichts zu tun. Mama fragt mich: "Was denkst du?" "Wozu?" "Zu Frau M.?" "Nun, sie ist sehr tüchtig." Mir scheint, Mama leidet darunter, dass Papa Frau M. so gut mag. Wenn sie auch selbst kaum reden kann, hört sie doch jedes Wort in der Stube, im Garten. Dabei ist Papa weiterhin sehr besorgt und herzlich mit Mama.
Ich gehe mit meinen Kindern und Serge eine Woche lang weg in die Ferien. Nachher erzähle ich Mama davon. Die Tränen steigen ihr auf. Wird sie noch einmal in die Ferien gehen können? Wohl kaum.

Sprachtherapie?

Mama ist jetzt öfters sehr deprimiert. Sie weint fast jedesmal, wenn wir kommen. Ist es, weil sie nur noch passiv sein kann, ihr alles abgenommen wird?
Nach dem ersten Schlaganfall hatte sie eine Sprachtherapie. Sie ging gerne hin. Ob ich wieder für eine Sprachtherapeutin sorgen soll? Mama nickt und sagt: "Ja, wichtig." Als ich es Papa sage, winkt er entschieden ab: "Nein, nein, das hat keinen Sinn, sie ist noch viel zu schwach."
Ich suche trotzdem eine Therapeutin, aber es ist schwierig, eine zu finden, die nach Hause kommen kann. Später frage ich Mama nochmals. Wieder nickt sie. Doch Papa meint, auch der Doktor habe gesagt, das sei Unsinn. Ich rede daraufhin selbst mit dem alten Hausarzt und erkläre ihm, dass ich Mama einmal pro Woche ins Spital begleiten könne, das gebe für sie eine Abwechslung und sie habe dann wieder ein Ziel vor sich. Da meint er: "Aha, daran habe ich gar nicht gedacht, ich meinte nur, das bringt halt nicht viel "rendement". Aber ich werde Ihnen das nötige Zeugnis schreiben. Ja, ja, Ihr Vater ist halt schon ein Realist."
Es gibt wohl verschiedene Realitäten.

Unsere Ordnung

Die neue Haushälterin, Frau S., platzt fast vor Energie. Sie hat schon am ersten Tag die Küchenschränke ausgeräumt. "Wir müssen eine neue Pfanne haben, die Gewürze sollten wir umstellen, die Vorräte wegwerfen, die Daten sind schon abgelaufen. Und im Kasten habe ich Kleider gesehen, die müssen dringend in die Reinigung gebracht werden."
Da ist Mama unerwartet unter der Küchentüre aufgetaucht. Nun schlurft sie mit schwerem Schritt ins Schlafzimmer. Wieder wird sie geschüttelt von Tränen, Schluchzen.

Jetzt sitzt sie wieder stundenlang in der Stube in ihrem Sessel. Früher konnte sie lesen, Zeitungsartikel ausschneiden für uns. Doch jetzt versagen auch ihre Augen. Am Abend sitzt sie vor dem Fernseher, und dann trinken Papa und sie Bier, dann eine Flasche Wein. Früher hat sie kaum je ein Gläschen getrunken.

René glaubt, herausgefunden zu haben, was sie plagt: Sie fühle sich zu Hause überflüssig, habe Angst vor einem weiteren Anfall, den wir zu Hause vielleicht nicht erkennen würden. Würde sie sich im Spital weniger einsam fühlen unter anderen Menschen mit ähnlichem Schicksal? Würde sie sich sicherer fühlen, oder könnte sie sich dort leichter gehen lassen?

Ruhige Abende

Körperlich geht es Mama immer besser: Sie kann schon kleine Spaziergänge machen. Heute sind Mama, Papa und ich zum erstenmal wieder auswärts essen gegangen. Ich habe ihr das Essen geschnitten. Sie hat es kaum sehen können auf ihrem Teller, hat mit der Gabel ins Leere gestochen. Aber sie hat viel gegessen. Es war schön für uns drei, ein kleines Fest.

Gestern hat sie zu mir gesagt: "Du ange-gardien." Will sie sagen, dass ich für sie ein Schutzengel bin oder dass ich einen Schutzengel brauche?

Papa sagt mir, sie stehe jetzt oft nachts auf, gehe zur Tür und wolle hinaus. Es sei gut, dass er es bemerkt habe. Oder sie stelle den Herd an und vergesse es dann wieder. Seither ziehe er den Hauptstecker beim Herd aus.

Die Haushälterin ist tagsüber hier. An drei bis vier Abenden pro Woche "hüten" mein Bruder oder ich Mama. (Bruno ist im Ausland.) So kann Papa wieder mit seinen Freunden kegeln oder jassen gehen.
Wir schauen dann ein wenig fern, ich erzähle ihr von den Kindern, meiner Arbeit, wir trinken ein Glas Wein, essen etwas Feines. Es sind schöne Abende. Abende, an denen ich das Gefühl habe, wir verstehen uns besser als früher, als wir alle Worte zur Verfügung hat-

ten, um miteinander sprechen zu können. Miteinander reden können, das haben wir in den letzten Jahren erst zögernd versucht. Etwas später kommt Papa. Auch er nimmt sich ein Glas Wein.
Ich sage einmal: "Mama hat mir erzählt, dass ihr am Sonntag in Laufen gewesen seid, war es schön?" Papa staunt, dann legt er Mama die Hand aufs Knie und sagt lachend zu ihr: "Jo Lily, wenn du meinsch, denn hämmer's schön ka in Laufe."
Als er mich später zum Gartentor begleitet, erzählt er mir, dass sie den ganzen Sonntag zu Hause geblieben sind.

Die Geburtstagsfeier

Dann kommt der Geburtstag von Papa. Wie jedes Jahr hat er Verwandte und Freunde zu einem Essen eingeladen. Als ich am Morgen komme, liegt Mama noch im verdunkelten Schlafzimmer. Ich ziehe die Rolläden hinauf, suche ein schönes rotes Kleid heraus und ihren Lieblingsschmuck. "Gefällt dir das?" Sie nickt: "Ja, schön."
Als sie zum Gehen bereit ist, kommen ihr wieder die Tränen.
"Man muss am besten nicht mit ihr sprechen", meint Papa zu mir, "das deprimiert sie nur." Und das Nicht-mit-ihr-sprechen?

Dann sitzen wir an einem langen Tisch in einem gepflegten Restaurant. Es gibt eine wunderbare Platte mit Rehrücken. "Es soll doch etwas Rechtes sein", sagt Papa. Mamas liebste Freunde und ich sitzen neben ihr. Sie sitzt da wie eine traurige Puppe, die ihre Stimme verloren hat. Sie lächelt und isst ihren Teller leer. "Schön, dass du mit uns feiern kannst", sagt Papa immer wieder.

Nach dem Abschied im Elternhaus kehre ich mit Andri, meinem Sohn, nochmals um. Wir finden Mama auf dem Schemel vor dem Spiegel im Gang. Sie weint bitter. Ich lege meinen Arm um sie, und der kleine Bub schiebt sein Händchen unter ihre Hand.
Dann gehen wir. Sie hebt den Kopf und schaut uns müde nach.

Der Zusammenbruch

Am Morgen danach: Eben hat mir die Sprachtherapeutin am Telefon gesagt, dass Mama und ich am nächsten Montag kommen können. Endlich.
Schon läutet das Telefon wieder. Es ist Papa. Mama habe wieder einen Schlaganfall gehabt, es gehe ihr sehr schlecht.
Als ich komme, kennt sie mich noch und sagt lächelnd: "Gut, dass du da bist." Ich setze mich neben sie, halte ihre Hand. Da fängt sie plötzlich an zu zucken. Krämpfe schütteln sie immer und immer wieder. Ich bin zutiefst erschrocken. Was ist das? Etwas später erklärt uns der Hausarzt, dass der Teil des Hirns betroffen worden sei, in dem auch das epileptische Zentrum liege. Deshalb die Krämp-

fe. Sie sähen schlimmer aus, als sie für die Patientin selber seien. Man solle sie dann am besten nicht berühren.

Ob das stimmt? Wenn wieder solche Krämpfe kommen, und sie folgen in den nächsten Tagen immer rascher aufeinander, dann kann ich einfach nicht anders: Ich muss ihre Hand halten.

Bewusstlos

Erschüttert stehen René und ich am Abend um das Bett und betrachten unsere Mutter, die es immer wieder in diesen fürchterlichen Krämpfen schüttelt. Da kommt Papa und meint: "Ach, sie spürt davon ja nichts, hat der Doktor gesagt." Da stösst ein Schrei aus meiner Mutter, als ob sie sich gegen diesen Satz aufbäumen würde. Mein Vater verstummt erschrocken und geht hinaus.

Mama kennt uns nicht mehr, aber ich bin ganz sicher, dass sie uns noch hört.
Verzweifelt hole ich das Buch von Elisabeth Kübler-Ross wieder hervor und lese die Frage einer Frau: "Wie kann ich meiner Mutter noch das mitteilen, was ich möchte, obwohl sie nicht mehr auf uns reagiert?" "Setzen Sie sich einfach neben sie und sagen Sie es."
Das mache ich denn auch in der nächsten Nacht, als ich wieder bei ihr wache. Sie liegt ruhig da. "Weisst du, Mama, wir zwei haben uns zwar manche Zeit nicht verstanden; ich war oft wütend auf dich, du wohl auch auf

mich. Aber ich danke dir, dass du mir immer wieder direkt gesagt hast, was du denkst, das war wichtig für mich."
Danach fühle ich mich erleichtert, beglückt.

Nach drei Tagen Krämpfen sagt der Arzt: "Jetzt hat sie noch eine Lungenentzündung bekommen. Jetzt wird die Kraft nicht mehr lange reichen."

Donnerstag Nachmittag. Ich gehe mit den Kindern und einer Freundin über eine Wiese spazieren. Die Herbstsonne taucht Erde, Bäume, Himmel in ein fragiles, goldenes Licht. Mir scheint, das Bild könne plötzlich auseinanderbrechen. Mich zieht es zu Mama.

Davonfliegen

Beim Weggehen zu Hause sage ich zu meiner Tochter: "Bitte halte heute abend Grossmami und mir den Daumen, dass es gut geht, dass wir nicht zuviel Angst haben." Da fragt sie erschrocken: "Musst du denn auch sterben?" "Nein, nein", sage ich, "ich kann wohl noch einige Zeit weiterleben." Da überlegt sie ein Weilchen und sagt dann strahlend: "Weisst du, Mami, ich habe eine Idee: Wir sterben dann beide zusammen. Dann geben wir uns die Hand und fallen ins Wasser und fliegen dann zusammen davon."

Als ich ins Elternhaus komme, höre ich meine Mutter laut und schwer atmen. Ich lege meine Hand auf ihre Stirn. Sie ist glühend heiss.

Dann sitzen mein Vater und ich noch bei einem Glas Wein. Ob er schon beim Sterben eines Menschen dabeigewesen sei? Nein, als seine Mutter starb, sei er im Zimmer nebenan gewesen. Er könne das nicht. Ich solle ihn dann rufen, wenn es soweit sei. Auch René schien erleichtert, als ich sagte, er könne gehen, wenn er wolle.

Eine lange Nacht

Mein Vater geht ins Bett im ersten Stock. Ich bleibe allein in der Stube unten. Ich habe Angst. Ich stelle den Fernseher an, erschrekke, glaube, meine Mutter stehe hinter mir. Da kommt am Fernsehen klassische Musik. Plötzlich werde ich ruhig. Ich stelle sie lauter, denke: Vielleicht kann Mama sie hören. Nach einer Weile schalte ich den Apparat aus und gehe ins Schlafzimmer.

Schwer atmend liegt die Frau da, die fast durchsichtig geworden ist. Wie lieb ich Mama habe. Im Sommer hat sie einmal zu mir gesagt: "Du musst nicht gut reden, nur herzlich." Jetzt verstehe ich, was sie gemeint hat.

Ich lese noch einmal ihr Sterbetestament: Man soll mir das Leben erleichtern. Nein, ich habe mich verlesen. Man soll mir das Sterben erleichtern...

Als ich mich neben Mama ins Bett legen will, wird mir plötzlich schwindlig, ich muss mich an der Bettkante halten. Da höre ich über mir ein Poltern. Was ist passiert? Beim Hinaufgehen kommt mir Papa entgegen. Er blutet an der Stirn. Auch ihm wurde schwindlig. Er ist gestürzt und hat sich dabei verletzt. Ich verbinde ihn.

Ich gehe zurück ins Schlafzimmer. Etwas stimmt noch nicht. Ich schaue mich um. Jetzt weiss ich es: Ich muss doch das Fenster öffnen, damit die Seele hinausfliegen kann.
Wir haben einmal in einem alten Haus gewohnt, in das ein Seelenfensterchen eingebaut war. Damals hat man schon beim Planen eines Hauses ans Sterben gedacht.
Mamas Atem stockt von Zeit zu Zeit. Ich lese, schreibe in mein Tagebuch, nicke ein.

Da weckt mich wieder ein Poltern. Es ist gegen zwei Uhr. Papa ist wieder gestürzt.
Jetzt bin ich hellwach. Ich zünde eine Kerze an. Mama atmet laut. Plötzlich hört sie auf, seufzt laut und atmet nicht mehr. Ich nehme ihre Hand. Nach einer Weile rufe ich: "Mami!" Da stösst sie einen gewaltigen

Schrei aus, der von den Zehen durch ihren ganzen Körper hochsteigt. Er erschreckt mich bis ins Mark. Dann entspannt sie sich, atmet nicht mehr.
Ich lege meine Hand auf ihr Herz und spüre, wie es immer langsamer schlägt und schliesslich ganz verklingt.

Dann spüre ich, wie ihre Haut langsam kalt wird und sich wächsern anzufühlen beginnt. Sie hat einen unendlich entspannten Zug um ihre geschlossenen Augen.
Mama, was hast Du gesehen?

Ich räume die Medikamente von ihrem Nachttisch weg und stelle einen Strauss Blumen hin.
Dann gehe ich zu Papa hinauf und wecke ihn: "Ich glaube, es ist soweit." "Gut."
Wir gehen hinunter und stehen zusammen an ihrem Bett. "Jo", sagt Papa, mit der ruhigen Stimme eines alten Bauern, "jetzt isch es dänk so wit."
Ob wir die Schwester rufen sollen, den Arzt?

Danach

"Nein, nein, die wecken wir jetzt nicht, das machen wir dann gegen Morgen. Jetzt gehen wir noch ein wenig schlafen."
Verdutzt schaue ich ihm nach, wie er wieder die Treppe hinaufgeht. "I gang no e chli go lige, wecksch mi denn, wenn i nit vo ne lei verwach", sagt er noch und verschwindet.

Langsam drehe ich mich im Gang um und sehe mich im Spiegel. So, denke ich, jetzt bist du eine erwachsene Frau.

Im Elternschlafzimmer zünde ich eine zweite Kerze an. Das tut mir gut. Dann setze ich mich wieder aufs Bett neben Mama und betrachte sie lange. Mir scheint, ich schaue meine Mutter zum erstenmal richtig an.
Draussen schreit ein Vogel. Sonst ist alles still.
Ich lese noch ein wenig. Schreibe. Von Zeit zu Zeit horche ich auf: Mir ist, als ob hier noch jemand atmet. Mama? Vielleicht ist es auch nur der Wecker.
Um halb fünf Uhr lege ich das Buch beiseite, werfe noch einen Blick auf Mama und lösche das Nachttischlämpchen.
Und dann sinke ich in einen unendlich ruhigen Schlaf – voll Geborgenheit.

Um halb sechs Uhr höre ich Papa aufstehen.
Ich ziehe mich an und mache einen Kaffee.
Doch Papa scheint weiterzuschlafen.

Ich rufe Bruno an, der zur Zeit in Schweden ist. Er nimmt sofort ab. Es tut mir gut, seine Stimme zu hören.

Und dann René. "Es ist soweit." – Langes Schweigen. – "Wie ist es gegangen?" Ich merke, dass ich das Bedürfnis habe, von dem in der Nacht Erlebten zu erzählen. Wie nach einer Geburt.

Zum letztenmal waschen

Und dann wasche ich, zusammen mit der Gemeindeschwester, im Morgengrauen Mama. Es ist schön, diese Arbeit mit dieser starken ruhigen Frau zu machen, die noch am letzten Abend der Todkranken Essigsöckchen gemacht hat: "Ich wollte ihr halt noch etwas zuliebe tun." Mama ist schon ganz steif. Wenn wir sie drehen, fühlt sie sich an wie eine Holzpuppe. "Gäll", sagt die Schwester, "so wenig ist der Mensch." Geschieht das, weil der Körper beim Sterben zuerst vor Schreck erstarrt, und sich erst nach einigen Stunden wieder löst?

Dann besprechen wir die Todesanzeige. René wird nun alles Nötige erledigen.

Ich setze mich noch einmal einen Moment zu Mama. Wie eine Ritterin liegt sie da: streng und klar. Wo bist du jetzt, Mama?
Da strömen mir Tränen übers Gesicht.

Dann gehe ich nach Hause. Ich bin müde. Ich habe das Bedürfnis, meine besten Freunde und Freundinnen anzurufen, ihre Nähe zu spüren.
Eine Freundin unseres Au-pair-Mädchens ruft aus Australien zufällig an. Wie ich ihr sage, dass eben meine Mutter gestorben ist, sagt sie schlicht: "God bless you." Gott segne Sie. Wie mich das berührt. Es berührt mich so, dass tief aus mir heraus ein Schluchzen heraufsteigt. Dann schlafe ich erschöpft ein.

Am Nachmittag sind die Todesanzeigen schon adressiert von Papa, René und Verena, meiner Schwägerin.
Ich werde meinen Freunden und Bekannten später schreiben.

Die Männer mit dem Sarg

Es läutet. Vor der Tür des Elternhauses steht ein runder, etwa 50jähriger Mann. Ob sie den Sarg bringen dürfen?
Ruhig legen die zwei Männer den Sarg neben das Bett von Mama und kleiden sie in ein weisses Spitzenkleid. Dann betten sie sie sorgfältig in den Sarg.
"Schön isch si", sagt Papa in die Stille hinein. Sie sieht wirklich jung und sehr schön aus. Ich nehme dem Mann den Kamm aus der Hand und kämme sie ein letztes Mal. Dann schliessen sie den Sarg und tragen ihn hinaus durch den Garten. Ich folge ihm langsam.
An der Gartentür schaue ich dem davonfah-

renden Auto nach. So oft ist Mama selbst da gestanden und hat uns Kindern nachgeschaut.

Am nächsten Morgen gehe ich mit meinen beiden Kindern auf den Friedhof.
Im Totenzimmerchen, wo Mama inmitten von Blumen aufgebahrt ist, werden die zwei, die eben noch herumgetobt haben, ganz still. Sie drücken ihre Näschen an die Glaswand und sagen lange nichts. Dann sprudelt es aus dem vierjährigen Mädchen heraus: Warum Grossmami hier schlafe, wann sie wieder erwache, wo ihre Seele jetzt sei, wann sie wieder leben werde?

Da setze ich mich weinend auf einen der Stühle. Der Kleine klettert auf meinen Schoss und schliesst mir beide Augen. Nach einer Weile öffnet er sie mir wieder und scheint beruhigt.

Danach machen wir noch einen Spaziergang zwischen den Gräbern. Wir schauen uns auf den Steinen die vielen Symbole an: die Sonne, den Mond, das Kreuz, Hände, eine Blume, einen Baum oder einen Vogel, der davonfliegt.

Zeichen

Es tut mir gut, dass Anne, eine Freundin, anruft und sagt: "Du, ich möchte dich nicht stören, ich weiss auch nicht was sagen, aber ich wollte dir nur sagen, dass ich an dich denke."

Und dass Shelley, eine andere Freundin, anbietet, mit den Kindern schlitteln zu gehen. So kann ich allein sein oder mit Serge reden.

Shelley schildert mir einen Brauch, den sie schon einige Male bei ihren jüdischen Verwandten miterlebt hat: Nach dem Tod eines Angehörigen übernehmen Nachbarn die Sorge um den Haushalt. Die Trauernden setzen sich hin und sprechen mit vorbeikommenden Freunden und Verwandten über den Menschen, der gestorben ist. Eine ganze Woche lang.

Solche Gespräche, solches Zuhören hilft auch mir jetzt mehr als gutgemeinte Trostworte.

Die Beerdigung

Und dann findet die Beerdigung statt. "Im engsten Familienkreis", wie wir auf Wunsch von Papa in der Todesanzeige geschrieben haben. Jetzt sind wir aber froh um Freunde und Bekannte, die anrufen und sagen: Wir gehören zwar nicht zum engsten Familienkreis, aber wir möchten doch gerne mit euch zusammen von Lily Abschied nehmen. Ist euch das recht?

Ich spüre jetzt, wie dankbar ich bin, in einer Gruppe zu sein mit verwandten, zugewandten Menschen. Der Tod ist in mein Leben eingebrochen. Jetzt gibt mir dieser Kreis Wärme und Sicherheit.

Die Messe findet in der kleinen Kapelle unserer Quartierkirche statt. Bruno weint. "Ich habe gar nicht gewusst, dass mich etwas so erschüttern kann", sagt er. Er konnte die letzten Tage nicht miterleben, sah Mama erst, als sie schon aufgebahrt war. Er wohnt schon lange nicht mehr in Basel. Wir hätten ihn vielleicht doch früher rufen sollen.

Und dann wird das Gleichnis vorgelesen von den Jüngern von Emmaus. Sie waren miteinander auf dem Wege. Sie sprachen mit einem Fremden über Jesus, der gestorben ist. Da merkten sie plötzlich, dass der Fremde ja Jesus war, Jesus mitten unter ihnen. Und da war er auch schon wieder verschwunden.

Ich glaube, viel Ungelebtes hat Mama auf ihrem letzten Weg belastet. Aber dann war alles plötzlich nicht mehr wichtig. Das Geleistete und das Nicht-Geleistete traten zurück und wichtig wurde nur noch eines: Das Sich-Öffnen. Gnade?

Auf dem Friedhof in der Abdankungskapelle spricht der Pfarrer von der treu besorgten Gattin, die in edler Pflichterfüllung da war für die Ihren bis zum Tod. Wird er dieser Frau auf diese Weise gerecht?

Eine nüchterne Welt

Als ich aus der Kapelle trete, sehe ich die Bäume, die Wiese im Herbstdunst. Da wird mir bewusst, dass ich jetzt eine Frau bin ohne Mutter.
"Weisst du", hatte Hildegard, eine Freundin, zu mir gesagt, "als meine Mutter gestorben war, da merkte ich, dass plötzlich ein Rückhalt nicht mehr da war." Ja, die Welt – meine Welt – ist plötzlich nüchterner geworden, auch klarer.
Jetzt muss ich weinen. Papa auch.

Die Frau meines Paten kommt auf mich zu: Oh, la pauvre, die Arme! Ich wende mich unwillig ab: Ich bin nicht arm. Und was ich jetzt brauche, ist nicht Mitleid.

Beim Beerdigungsessen sitzen wir wieder mit den gleichen Menschen zusammen wie vor einer Woche an Papas Geburtstag. Nur ein Mensch fehlt. Wir schauen uns an und ich glaube, die anderen fragen sich auch: Wer wird der nächste, die nächste sein?

Die Urnenbestattung

Zwei Tage später ist die Urnenbestattung. Nur meine Brüder René und Bruno sowie meine Schwägerin Verena und ich sind da und ein alter Freund von Papa, der die Beerdigung verpasst hat. "Komm doch wenigstens an die Urnenbestattung", habe ich zu ihm gesagt. "Ja", hat er dankbar gemeint, "wenigstens das."

Und dann stehen wir etwas verloren um die Urne herum in einem nüchternen Raum im Friedhofsgebäude. "Bestätigen Sie jetzt, dass das die Asche ihrer Mutter ist", sagt der Beamte zu René. Was sollen wir da bestätigen? Dann schauen wir ihm zu, wie er mit der Zange die Urne plombiert. "Kommen Sie", sagt er, und klemmt sich die Urne unter den Arm. Wir folgen dem rundlichen Beamten, der mit zielbewussten Schritten vorangeht. Er redet mit dem Pfarrer, dem Freund von Papa, über irgend etwas. Wie nüchtern das ist.
Ich bin froh, dass der Pfarrer am Grab wenigstens über die Urne, für die ein Loch ausgehoben ist, ein Vaterunser und ein Gegrüsstseist-du-Maria spricht. Dann gibt er mir ein Fläschchen mit Weihwasser in die Hand. Aha, ich soll damit, so wie er, in der Form eines Kreuzes Wasser übers Grab sprengen. Wasser, damit wieder etwas Neues wachsen kann?
Bei den Kelten hat man den Toten einen Samen unter die Zunge gelegt. Den Samen eines Baumes.

Der Beamte verschwindet wieder, und wir stehen noch einen Moment unschlüssig am Grab.

Dann gehen wir zusammen einen Kaffee trinken.

Und jetzt, was mache ich jetzt?

Ich bin froh, dass Papa mich bittet, in der nächsten Zeit die Sachen von Mama durchzusehen und zu schauen, was damit geschehen soll.
Ich will mir Zeit nehmen dafür.

Mamas Sachen

Ich stehe im Schlafzimmer der Eltern und schaue mich zögernd um. Wo soll ich mit dem Räumen anfangen? Es kommt mir vor, als würde ich in eine ganz persönliche Welt eindringen.

Als Frau S. während Mamas Krankheit alle ihre Sachen räumen und die bisherige Ordnung auf den Kopf stellen wollte, da habe ich mich ganz entschieden gewehrt. Wenigstens ihren Kleiderschrank und ihr Nachttischchen lassen wir in Ruhe. Ein réduit muss der Mensch doch noch haben. Wie die Beduinenfrauen, die in ihrem Zelt ein kleines Häuschen aufhängen, an das niemand, gar niemand gehen darf.

Aber alles wegwerfen, weggeben, ohne durchzusehen? Nein, das will ich nicht. Ich will die Sachen anschauen.
Vielleicht lerne ich dich, Mama, dadurch besser kennen. Was für eine Frau bist du eigentlich gewesen? Was war es, was dich wirklich beschäftigt hat? Was erbe ich von dir, und was mache ich mit dieser Erbschaft?

Ich träume:
Ich habe von Mama eine riesige Schachtel bekommen. Darin finde ich einen wunderschönen Schmuck. Aus der Jugendstilzeit.
Ich erwache erstaunt: Jugendstilschmuck, das ist für mich etwas vom Schönsten. So etwas Spezielles erbe ich von dir, Mama?
Ich habe von Mama selbst ein paar schöne Schmuckstücke bekommen: Den einfachen Ring mit dem grünen Stein und die Brosche, die Mama aus den Eheringen ihrer Eltern hat machen lassen.
Und dann finde ich eine schöne Schultertasche aus grauem Wildleder. Hat dir einmal das gleiche gefallen wie mir heute?

In ihrem Schreibtisch, an dem ich sie so oft habe sitzen sehen, finde ich ein Blatt, auf dem sie sehr anschaulich ihren Tagesablauf als Mutter von drei kleinen Kindern beschreibt. Er beginnt um sechs Uhr früh und hört um sieben Uhr abends auf: "Sylvia noch einmal den Schoppen geben... etc. etc."

In den Handtaschen, die sie in der letzten Zeit noch gebraucht hat, ist alles durcheinandergeworfen. Mama war sonst so ordentlich. Wurde für sie die äussere Ordnung zum Schluss unwichtig?

Dann stelle ich aus den Fotos, Rechnungen, Notizen und Skizzen ein Buch zusammen zur Erinnerung an eine Frau, die gelebt hat vom April 1907 bis zum November 1982.

Ich habe zwei Träume:
Ich fahre zusammen mit Mama im Tram bis zur Endstation auf einem Hügel in der Nähe des Elternhauses. (Sie hat mir einmal erzählt, dass sie hochschwanger, mit mir im Bauch, von dieser Endstation zur anderen gefahren ist. Der Arzt habe ihr gesagt, dann komme das Kind eher.)
Ich steige aus und will am Tram etwas flicken, ich bin der Tramführer.
Da sehe ich, dass sie schon in die andere Richtung fährt, die von unserem Haus wegführt. "Halt!", will ich rufen, doch ich sehe, dass sie bereits in ein vergnügtes Gespräch vertieft ist mit einer ihrer Freundinnen...

Der zweite Traum: **Im Keller eine**
Aus dem Keller des Elternhauses bricht ein **Quelle**
Fluss hervor. Die Fluten reissen alle schlechtgebauten Brücken ein. Stämmige Bäume wachsen langsam aus dem Wasser.

Das erinnert mich an zwei Träume, die ich acht und vier Jahren vorher gehabt habe:

Meine Mutter sagt zu mir und zu Bruno, meinem Bruder: "Kommt schnell in den Keller, ich habe eine unterirdische Quelle entdeckt." Wir gehen hinunter und hören, dass es wirklich hinter einer Wand rauscht. Da sagt mein Bruder: "Na ja, da musst du halt das archäologische Institut anrufen", – und geht wieder hinauf. Auch ich habe keine Lust, etwas zu unternehmen.

Und später, bei der Geburt meines ersten Kindes:
Mama ruft mich wieder: "Komm in den Keller, schau die Quelle!" Zusammen gelingt es uns, ein Loch in die Mauer zu schlagen. Köstliches Wasser fliesst heraus.

Und dann, ein halbes Jahr nach dem Tod
meiner Mutter, noch ein dritter Traum:

Gestern habe ich dich gesehen

Gestern, Mama
habe ich dich gesehen
Du kamst mir entgegen
mit einer Freundin am Arm
strahlend, stark und ruhig
Du kamst auf mich zu
Du hast mich umarmt
und ich habe gespürt:
so wird es sein
an meinem letzten Tag
an meinem ersten Tag

"Der Tod"
Anne-Lea, 22. Juni 1984

Papa

René ist am Apparat, seine Stimme ist betont sachlich: "Ich habe jetzt mit dem Professor geredet. Der Befund ist: Tumor, kein gutartiger, beim Zungenansatz." "Krebs?", frage ich. "Ja." Schweigen. Es sei aber nicht so schlimm, in diesem Alter würden die Zellen nicht mehr so schnell wachsen. Was das heisse? Es sei schwer, eine Prognose zu stellen, aber er sei ja sonst kerngesund. So vier, fünf Jahre werde er sicher noch ganz gut leben können. "Und was geschieht jetzt?" "Er muss bestrahlt werden."

Papa und krank? Langsam lege ich den Hörer auf. Krebs. Papa und Krebs.

Papa ist in seinen 84 Jahren noch nie richtig krank gewesen. Mit zwanzig soll er einmal im Spital gewesen sein, um den Blinddarm herauszunehmen. Ich habe ihn noch nie krank im Bett gesehen. Wohl hatte er immer wieder seine "Bräschte": Ischias, Rheuma, Ausschläge. Aber die hat er dann mit einer Badekur auf einer kleinen Insel in Italien oder in Rheinfelden kuriert. Auch habe ich immer neue Salben auf dem Badezimmerkästchen gesehen. Und jetzt: Seit gut fünf Monaten geht er von einem Arzt zum anderen, er habe Ohrenweh. Und jeder hat ihn zum nächsten geschickt. Nun ja, Ohrenweh, das ist ja nicht so schlimm.

Zwei Wochen später erfahre ich vom behandelnden Arzt, dass Papa unter dem Ohr schon eine Metastase hat.

An diesem Abend kommen mir immer wieder die Tränen. Am nächsten Tag sagt meine Therapeutin zu mir: "Ich verstehe ja, dass Sie berührt sind, aber was schüttelt Sie denn so? Dachten Sie, Ihr Vater würde nie sterben?" Ja, aber nicht schon wieder! Es ist noch kein Jahr her, seit meine Mutter gestorben ist, und mir scheint, dass eine schwarze Welle auf mich zurollt.
Später sage ich einmal in einem Gespräch einen Satz, der mich selbst überrascht. "Und wer begleitet die, die Sterbende begleiten?" Wenn auch in den Begleitenden Monumente abbröckeln, Fälliges sterben muss?

Was sagen?

Papa muss ein paar Tage lang ins Spital, die Aerzte wollen eine kleine Operation machen, um Gewebeproben direkt zu entnehmen. "Weisst Du", sagt Papa zu mir, "der Doktor hat gesagt, er müsse da die Eiterbollen herausnehmen." Eiterbollen? Hat er ihm nichts anderes gesagt? Sollte ich...?
René meint, erst nach dieser Gewebeentnahme wisse man es definitiv. Und sowieso, wenn der Patient nichts frage, dann habe

man kein Recht, etwas zu sagen. Aber wenn der Patient spürt, dass man das uns nicht fragen kann?

Einige Wochen später – wir sitzen im Garten bei strahlendem Sonnenschein – sagt Papa beiläufig: "Ich muss dann am Mittwoch mit dem Bestrahlen anfangen, der Professor hat gesagt, bei Krebs bestrahle man heute halt. Aber jetzt wird's kühl hier draussen. Komm, wir gehen in die Küche und schauen, was du zum 'Znacht' machen kannst."
Überrascht folge ich ihm. Krebs beiläufig im Nebensatz?
Später, nach seinem Tod, finden wir frühe Notizen: "Bei Prof. gewesen, Krebsverdacht." Und zwei mit unserer Familie befreundete Frauen erzählen mir, dass er mit ihnen über seine unheilbare Krankheit geredet hat.

In der nächsten Zeit versuche ich ein paarmal – zögernd – das Gespräch auf den Krebs zu bringen. Am Fernsehen läuft beispielsweise eine Serie über Krebs, wie Betroffene und Angehörige damit umgehen. Aber Papa winkt ab, das interessiere ihn nicht.

38 Jahre haben wir Mauern zwischen einander aufgebaut und instand gehalten. Wir wissen es beide, und sie sind auch jetzt da. Vor fünf Jahren, als Serge, mein späterer Mann,

und ich zusammengezogen sind, da liess er mir – durch Mama – sagen: "Dieser Mann kommt mir nicht ins Haus." Serge entsprach nicht seinen Wünschen von einem Schwiegersohn. Und ich liess ihm sagen – durch Mama – solange sehe er auch seine Tochter nicht mehr. Ein gutes Jahr haben wir uns wortlos hinter unseren Festungen verschanzt. Nur Mama ist bekümmert von einer Burg zur andern gegangen und ist dabei wohl zum erstenmal schwer krank geworden.

Dann habe ich ihm einen Brief geschrieben und ihm einen Traum erzählt:

Die stählerne Statue

Ich sehe eine riesige stählerne Statue vor mir, sie hat mir den Rücken zugewandt. Da nimmt mich Serge bei der Hand und sagt: "Geh doch ringsum, nimm diese Leiter und schau ihn dir genau an." Ich stelle die Leiter bei der Vorderseite an und steige hinauf. Da kann ich ins Visier sehen, es ist offen. Und ich sehe ein liebes Gesicht, das wettergegerbte Gesicht eines alten Bauern, das Gesicht meines Vaters.

Ich habe ihm auch geschrieben, dass er in seinem Leben ja auch seinen eigenen Weg gegangen sei, einen Weg, den viele in seiner Umgebung nicht verstanden hätten. Zum Beispiel, als er seine sichere Stelle aufgegeben hatte und von Laufen, seinem Heimatort, plötzlich weggegangen sei, um in Basel eine heruntergekommene Baumaterialien-Handlung zu übernehmen. Und so müsse auch ich meinen Weg gehen.

Als dann unser erstes Kind auf die Welt kam, hat er schliesslich knurrend eingelenkt. Dahinter stand ein langes Bearbeiten durch Mama und Freunde der Familie. Ich habe ihn dann einmal gefragt, ob er meinen Brief bekommen habe. "Nei, nei", meinte er, "dä isch bi dr Poscht verloregange..."

Später, nachdem er unser kleines Haus gesehen hat, das Serge mit Freunden zusammen renoviert hat, sagte er oft: "Jo, dr Serge, was är macht, das macht är rächt."

Im Spital

Ich fahre Papa mit seiner Haushälterin, Frau S., ins Spital. Wir warten im 7. Stock des riesigen Gebäudes, wo man auch Mama nach ihrem ersten Schlaganfall eingewiesen hatte. Niemand weiss, wohin Papa kommt. Wir hören schon zum x-ten Mal: "Warten Sie einen Moment, ich muss fragen..." Endlich hat er sein Zimmer mit der Nummer 7024 (!). Frau S., die seit Mamas Tod tagsüber zu Papa schaut, will ihm helfen: Die Uhr müsse man ausziehen und auch den Ehering – wegen der Hygiene. Doch Papa macht es nicht. Er stellt eine Flasche Wein aus seinem Keller in den

Schrank und legt einige Packungen seiner eigenen Schlaftabletten ins Nachttischchen.

Papa lebt sich erstaunlich gut ein im Spital. Wenn ich komme, treffe ich ihn an, wie er mit den jungen Krankenschwestern aus aller Welt scherzt. Sie scheinen ihn zu mögen. Und er bekommt viel Besuch, mehr als zu Hause im grossen, allzu ruhigen Einfamilienhaus.

Er erholt sich äusserst rasch von der Narkose. Als ich ihm am nächsten Tag erzähle, dass ich nach einer Narkose lange Zeit vergesslich war, sagt er: "Ja, das stimmt. Gestern Abend habe ich lange mit dir und René gesprochen, bis ich gemerkt habe, dass ich ja allein im Zimmer bin." Worüber hat er mit mir wohl geredet? Über das Übliche? Das Wetter, die Pflege, das Essen, wer ihn besucht hat und was "d'Dökter" meinen?

Wenn ich ihn frage, was die Ärzte sagen, meint er nur: "Oh, die wüsse jo au nit mee, i frog do gar nit." Er spricht weiterhin vom Eiter, den sie nun beim Operieren herausgeholt haben. "Hoffentlich habe ich jetzt endlich meine Ruhe."

Bevor er in ein Einzelzimmer umzog, war er ein paar Tage mit einem Mann zusammen, der an der gleichen Art Krebs erkrankt ist wie er, nur im Endstadium. "Ä liebe Kärli, aber me het halt nit mit em rede chönne. Do wött i lieber abchrazze."

Da spüre ich, dass ich Papa lieb habe – wie kaum jemanden sonst.

Bestrahlen

Dann fangen die Bestrahlungen an. Papa zählt sie genau: 5, 25, 30, 39. Wie es ihm dabei gehe? Das Bestrahlen selbst sei nichts Spezielles, man liege zwischen zwei Stahlplatten mit einer Stahlmaske, alle gingen hinaus und nachher heisse es, man könne wieder gehen. Ob er beim Warten auch mit anderen Patienten rede? Nein, warum, er komme immer gleich dran, das sei grossartig.

Schon rasch spürt er kaum mehr, was er isst und trinkt. Er, der immer so gerne einen guten Wein aus dem Keller geholt hat, hat auch jetzt einen feinen Tropfen bereitgestellt. Aber er selbst trinkt nicht mehr mit. "Mir sagt das nichts mehr, ich merke nur, ob die Sorte mehr oder weniger im Hals brennt. Aber trink du nur."

Er nimmt immer mehr ab. Serge, er ist Goldschmied, hat sein Uhrarmband um ein rechtes Stück gekürzt. Doch schon bald ist es wieder zu weit. Ob Serge es noch einmal enger machen solle? "Nein, nein, sonst ist es dann zu eng, wenn ich wieder zunehme."

Wieviel Zeit bleibt?

Wie bemisst er wohl die Spanne Zeit, die er noch vor sich hat? "Wenn es dann besser geht mit dem Essen, wenn es vorbei ist mit den Bestrahlungen, dann lade ich euch alle ein zu meinem Geburtstag." So wie jedes Jahr. Plötzlich beschliesst er brüsk, das Fest in wenigen Tagen zu machen. "Und wenn Bruno und Trudi nicht kommen können an diesem Datum?" Da meint er nur ungeduldig: "Wer da ist, soll kommen und basta. Ich kann doch nicht ewig warten." Im Januar redet er dann von seinem 85. Geburtstag im nächsten Herbst: "Denn lad' ich alli Brüeder und Fraue und s' Marthy in Laufen i, hejo, zumene rächte Ässe im Lämmli."

Und als sein Kontaktmann bei der Bank weggeht: "Ich habe ihm gesagt, dass ich krank bin und die Bank halt nicht mehr wechseln will für die ein oder zwei Jahre."

Und ich, wieviel Zeit gebe ich ihm, uns noch? (Eine eigenartige Redensweise! Als ob ich diese Zeit geben oder nehmen könnte.) Wann wird die gemeinsame Zeit zu Ende sein? Im Sommer, im Herbst, im nächsten, im übernächsten Jahr? Und wie nutze ich diese Zeit noch?
Ich wünsche mir so, dass wir noch miteinander reden können!

Der behandelnde Arzt teilt mir mit, dass der Tumor wieder gewachsen sei, dass man operieren müsse. Papa ist sofort bereit dazu, man solle es aber so machen, dass er dann nachher wie gewohnt in die Ferien gehen könne. Seit 40 Jahren geht er im Februar immer nach Arosa, wo er seine Freunde trifft.

Wieder erholt er sich rasch von der Narkose. Beim Aufmachen haben die Aerzte gesehen, dass der Tumor schon die Hauptschlagader und die Speiseröhre umwachsen hat. Sie hätten nicht alles herausnehmen können, das wäre zu gefährlich gewesen. Prognose? "Das ist schwer zu sagen."

Die letzten Ferien Papa will nicht, dass wir ihn nach Arosa begleiten, er will nicht einmal den selben Zug nehmen wie die Freunde von Basel: "Nei, nei, worum au, i gang, wie's mir passt!"

Manches ist schwer für ihn in diesen Ferien. Er, der noch letztes Jahr mit langen Schritten allein Stunden für Stunden gelaufen ist, wird rasch müde. Er kann kaum etwas essen, schämt sich, dass er beim kleinsten Kaffee fast pausenlos husten muss.
Und dann freut er sich aufs Heimkommen, zu Frau S., die ihn liebevoll umsorgt und sich immer wieder etwas Neues ausdenkt, wie sie ihn zum Essen verführen kann. "Sonst verhungert er ja noch!"

Das Sofa

Frau S. geht wie vereinbart an einigen Abenden und an den Wochenenden nach Hause. Am Wochenende schauen meine Brüder und ich herein. Am Samstag wärme ich Papa meist etwas zum Mittagessen, was Frau S. vorgekocht hat und das er gut schlucken kann. Er hat sein Leben lang gerne Suppen gegessen, jetzt halten sie ihn am Leben. Aber auch die schmecken ihm nicht mehr. Doch er isst brav auf, "suscht reklamiert sie denn am Mäntig." Dann legt er die Serviette weg, steht mit einer müden, wegwerfenden Handbewegung auf und sagt: "Jetzt gang i go ablige." Und dann liegt er auf dem Sofa in der Stube, Stunden um Stunden. Schon als Kind habe ich ihn oft dort gesehen. Wenn ihm etwas nicht passte, hat er sich aufs Sofa gelegt, sich umgedreht und geschlafen. Und nachher hat er oft lachend mit einem Finger ans eine Ohr getippt und mit der andern Hand ans andere: "Zum eine ine, zum andere use."

Wie, wenn doch nicht alles so einfach wieder herausgekommen ist? Wenn sich manches halb Geschluckte, manches nicht Gesagte im Hals geballt hat und dieser Ballen langsam gewachsen und gewachsen ist?

Und wenn auch nach dem Tod von Mama Worte fürs Traurig- und Alleinsein sich nicht formen und herauslösen konnten?

Was miteinander reden?

Langsam wird der Interessenshorizont von Papa kleiner. Samstag für Samstag sitzen wir am Küchentisch und essen zusammen. "Wie geht's? Hast du wieder Schmerzen?" "Ja, 's ist immer das gleiche." "Wie geht's mit dem Schlucken?" Wieder die entmutigte Handbewegung: "Mies, ich krieg' nichts hinunter. Wenn Frau S. nur schon wieder etwas hinstellt, so widert's mich an. Ich cha eifach nit." Dabei isst er langsam einen grossen Teller leer. "Wann musst du wieder zum Professor?" "Erst wieder in sechs Wochen. Aber was soll's, er unternimmt ja doch nichts." Ich erschrecke. Hat der Professor sein Interesse an diesem "hoffnungslosen Fall", diesem "alten Mann" verloren, oder ist es nur vernünftig, dass er keine unnötigen Konsultationen veranlasst? "Hast du abgenommen? Hat Bruno angerufen? War Tante Marthy da und hat Eier mitgebracht?" Ich erzähl' ein bisschen von meinen Kursen mit Arbeiterinnen oder von wem ich neue Aufträge bekommen habe. Er hört schweigend zu und sagt dann: "Jetzt gang i go ablige, rüefsch denn, wenn der Kafi parat isch."

Ich bin entmutigt. Warum können wir nicht auch über etwas anderes reden? Es wird immer eintöniger, langweiliger, so dass ich nach zwei, drei Stunden froh bin, wenn ich wieder gehen kann.

Warum erzähle ich ihm nicht auch einmal von den Schwierigkeiten, die mich plagen? Ich merke erst jetzt, dass ich zu Hause bei den Eltern nur meine Leistungen auf den Tisch gelegt habe: Schaut, ich bin ebenso tüchtig, ebenso gefragt wie meine zwei grossen Brüder, denen alles mühelos zuzufallen scheint...

Wir sind eine verstummte Familie. Meine Mutter hat gegen ihr Ende hin die Sprache verloren, mein Vater ist tödlich erkrankt an der Zunge (während der Zeit der Bestrahlung konnte er nur noch flüstern), und von meinen Brüdern weiss ich auch nicht, was sie in ihren schlaflosen Nächten beschäftigt.
Warum kann ich hier so manches nicht sagen? Manchmal, wenn mich jemand fragt: "Ist dein Vater im Spital?", dann sage ich: "Nein, wir haben ihn daheim behalten, weil er das so will" – und muss gleich präzisieren, "bei ihm daheim." Ist er bei sich wirklich zu Hause? Im Spital hat er einmal zu mir gesagt: "Sie wollen mich heimlassen übers Wochenende, aber was soll ich da, in dem leeren Haus."
Einmal, an einem Samstag, geht es mir sehr schlecht. Ich rufe Papa an und kann kaum sprechen, weil mir die Tränen aufsteigen. "Du, ich kann heute nicht kommen, mir geht es nicht gut." "So", sagt er, mit einer lieben, etwas erschreckten Stimme. "Ja, schau nur, wie du es machen kannst, ich kann mir gut

selber etwas wärmen." Und: "Mach's guet." Das hat er noch nie gesagt: Mach's guet. Später sagt mir Frau S., Papa habe erzählt, ich sei krank. Sie habe ihn gefragt, was ich denn habe, ob ich nicht Hilfe gebraucht hätte. "I ha doch nit gfrogt", habe er darauf etwas erstaunt und verlegen gesagt.

Der gute Tod

Dann habe ich in einem Seminar eine Meditation gemacht zum Thema: "Meine letzte Stunde."

Ich lag in einem Bett, und zur Türe herein kam Papa: Mit raschen Schritten war er hinter sieben Bergen hervorgekommen. "So", sagte er, "bist du jetzt auch so weit wie ich vor zwei Jahren. Viel Zeit hast du auch nicht gerade übrig gehabt für mich." "Ja, das stimmt", sage ich, "aber weisst du, ich hätte mir auch gewünscht, dass du mir einmal sagst, dass du mich brauchst." "Ja", erwidert er, verlegen lachend, "ich habe schon nicht so viel gesagt." Da lachen wir beide herzlich. Ich gebe ihm einen Abschiedskuss. Die Stoppeln auf seinen Wangen kratzen. Ich spüre, wie lieb wir uns haben. Dann verschwindet er wieder, ohne rechts und links zu schauen, mit schnellen Schritten hinter den sieben Bergen.

Dann kommt auch der Tod. Er sieht aus wie ein lieber Fuhrmann, oder wie der Abwart in der Fabrik, mit dem ich jeweils ein paar Worte wechsle, oder wie Onkel Hugi, bei dem ich als Kind in den Ferien war. "Ich sollte dich abholen", sagt er, aber "s'pressiert nit." Er setzt sich auf die Fensterbank, zündet sich eine Pfeife an, und ich weiss, er wird mich dann hinüberbringen, dorthin, wo Mama mir entgegenkommt, und es wird gut sein.

Von dieser Meditation erzähl' ich dann Papa, als wir im April zum erstenmal wieder im Garten sitzen. "Es ist schön, dass es jetzt Frühling wird und nicht Herbst", hat er in diesen Tagen einmal gesagt.
Ich erzähl' ihm nur den zweiten Teil, jenen vom guten Tod. Er hört unbeweglich zu. "Hast du Angst vor dem Sterben?" frage ich unvermittelt nach einem Schweigen. "Was hast du gesagt?" fragt er. "Ob dir das Sterben Angst macht?" Er schaut mich erstaunt an und sagt: "Nein, warum? Das ist doch etwas Natürliches. Einmal ist es halt Zeit." Später höre ich, dass er einige Male zu Freunden gesagt hat: "Stell dir vor, Sylvia hat mich gefragt, ob ich Angst habe vor dem Sterben."

Ein andermal erzähle ich, – es ist wieder im Garten – dass ich von Mama geträumt habe. "Träumst du manchmal auch von ihr?" "Ja", sagt er, "manchmal schon. Und diese Nacht habe ich davon geträumt, dass ich nicht einschlafen kann. Und dann, dass ich in die Rekrutenschule einrücken muss und einfach meine Sachen nicht finde."

Papas Träume

Papa klagt immer häufiger über Schmerzen in der linken Gesichtshälfte. Und am Morgen hat er einen schmerzhaften Auswurf. Wir beschliessen, den alten Hausarzt, der Mama am Schluss betreut hat, zu holen. Papa ist erleichtert, auch wenn er zuerst dagegen war: "Was soll's? Die Aerzte wissen ja alle nicht mehr, der kann auch nichts machen." Der Arzt verschreibt ihm Stärkungsspritzen. Schwester Hedi, die Quartierkrankenschwester, kommt nun, wie schon bei Mama, dreimal pro Woche und gibt sie ihm. Aber sie nützen nicht viel, Papa wird zusehends schwächer.

Ich mache mir Sorgen, weil Papa manchmal über Nacht allein ist in dem grossen Haus. Ich erzähle ihm wieder vom Notruftelefon. Mit einer Taste am Handgelenk kann er, wenn nötig, eine Notrufzentrale benachrichtigen, durch die wir verständigt werden können. Das habe sich bewährt, hat mir die zuständige Frau beim Roten Kreuz gesagt, es sei vor allem beruhigend für die Angehörigen. Doch Papa findet: "Nein, nein, da löse ich nur einen Fehlalarm aus. Und sowieso, wenn es so schlimm ist, dass ich selbst nicht mehr ans Telefon gehen kann (was in letzter Zeit ein paarmal geschehen ist), dann kommt es auch nicht mehr darauf an."

Frau S., die Brüder und ich würden es trotzdem sehr begrüssen. Nur, sollen wir etwas in Gang setzen, was er selbst nicht will? Frau S. findet: "Ich habe bei meinem alten Vater gesehen, dass man gegen Ende des Lebens wieder wird wie ein Kind. Da muss man halt einfach entscheiden."

Will Papa das Notruftelefon nicht, weil er findet, wir sollten uns lieber mehr um ihn kümmern? Oder hat er Angst, dass es dann einen riesigen Wirbel gibt, dass man ihn ins Spital bringen würde? Aber wir haben ihm ja alle gesagt, dass wir seinen Wunsch unterstützen, zu Hause bleiben zu können. So wie Mama.

Der alte Hausarzt meint dazu: "Ach, wissen Sie, Ihr Vater ist halt ein Mensch, der sein Leben lang nie viel Aufsehen um seine Person gemacht hat. Vielleicht muss man jetzt auch respektieren, dass es ihm so lieber ist."

Die Wege werden kürzer

Es ist Ende Mai, ein Mittwochnachmittag. Frau S. musste weg, und ich komme, um Papa zwei Stunden zu "hüten", bis ich auf den Zug gehen muss. Als ich in die Stube trete, liegt Papa auf dem Sofa und sagt: "Wo isch s' Sylvia?" "Meinsch du d' Frau S.?" "Nein", sagt er, "wo isch s' Sylvia?"

Ich setze mich neben ihn, rede ein wenig, frage, ob er Kaffee möchte. "Ja, mach einen."

Dann steht die Tasse auf dem Tischchen neben dem Sofa. Papa liegt mit geschlossenen Augen da. "Willst du den Kaffee nicht trinken?" Keine Antwort. Ich warte, sage dann: "Der Kaffee wird kalt." Nun versucht er sich aufzusetzen, aber er fällt wieder zurück. "Soll ich dir helfen?" Obwohl er kaum mehr etwas wiegt, brauche ich alle meine Kraft, um ihn aufzurichten. Ich setze mich neben ihn, lege meine Hand auf seinen Rücken und spüre, wie sein ganzes Gewicht auf meinen Schultern liegt. So sitzen wir lange, ohne zu sprechen. Er hat den Kopf in seine Hände gestützt und atmet schwer. "Willst du dich wieder hinlegen?" Er nickt und fällt schwer aufs Sofa zurück. Dann schläft er ein.

Ich setze mich neben ihn, lasse meinen Zug abfahren, und warte, bis Frau S. kommt.

Dann stützen wir ihn, so dass er mit mühsamen Schritten zum Schlafzimmer gehen kann. Ich sage: "Willst du dich nicht ins Bett von Mama legen, das kannst du herauf- und herunterlassen?"
Wir erschrecken: Ist es nun schon so weit? Wiederholt sich nun alles wie bei Mama?

So vieles erinnert mich an ihre Krankheit: Das Warten auf den Arzt, der Gang vom Bett zum WC, der ihn total erschöpft, auf den er aber besteht, sein ausgemergelter Körper.

Deine Wege werden immer kürzer
Dein Raum immer enger
Zum letztenmal bist du in den Zug gestiegen
und in die Ferien gefahren
Du hast das Tram genommen
und bist Jassen gegangen
bis die Karten dir aus der Hand gefallen sind
Dann schreibst du der Post einen Brief
hebst das Postfach auf
der Weg zur Post ist zu weit
Noch reicht es bis zum Gartentor
und jetzt
geht's auch nicht mehr bis zum Sofa.

Am Ende des Lebens zieht sich der Faden
langsam wieder ein
der am Anfang des Lebens
Schritt für Schritt länger geworden ist
Das kleine Kind
liegt da
kann sich plötzlich drehen
es setzt sich auf
steht
und macht die ersten Schritte
Es erobert die Wohnung
den Raum bis zur Strasse
geht in die Stadt
in die Berge
und fährt übers Meer

Sterben als spüren müssen, wie die eigenen Kreise immer enger werden, ich meine Reviere nicht mehr halten kann, andere für mich entscheiden, handeln – leben. Rückzug, loslassen müssen. Vielleicht ist es auch ein Endlich-loslassen-dürfen, ein Sich-konzentrieren-können auf das, was jetzt noch wesentlich ist. Weshalb sollte es jetzt noch wichtig sein zu wissen, ob Montag oder Freitag ist?

Der Hausarzt untersucht ihn, gibt ihm eine Spritze und meint: "Eine Kreislaufstörung, ein Schwächeanfall."
Frau S. sagt mir in der Küche, Papa wolle, dass man den Pfarrer rufe, wegen der letzten Ölung, aber sie habe gesagt: "Ach was, jetzt wird da noch nicht gestorben." Bevor ich dann doch auf den letzten Zug gehe, zu dem Seminar, das ich leiten muss, frage ich ihn, ob er wolle, dass wir den Pfarrer rufen. Erleichtert sagt er: "Ja, mach das". Dann wieder die resignierte Geste und: "S' isch fertig, s'goht z'Änd mit mir."
Der Pfarrer, ein Freund von ihm, verspricht, morgen vorbeizukommen. Dann verabschiede ich mich.
Werde ich ihn nochmals lebend wiedersehen?

In der Nacht schrecke ich immer wieder auf:
Hat das Telefon geläutet?

Gehen wollen

Papa erholt sich etwas, bleibt aber bettlägerig. "Der Pfarrer hat dir die letzte Ölung gegeben?", frage ich, als ich nach vier Tagen wieder an seinem Bett sitze. "Ja", sagt er, "aber ich bin nicht gestorben. Könnt' ich doch sterben, was soll es noch? Das ist doch kein Leben mehr", und er zeigt mit einer müden Handbewegung aufs Bett. "Aber wir hätten dich halt schon noch gerne einige Zeit bei uns." Er zuckt die Schultern und sagt: "Jetzt wotti schlofe." Und dann dreht er sich weg.
Ich bin nun oft im Elternhaus. Frau S., René und ich lösen uns ab. Ob wir eine Pflegerin für einige Nächte suchen müssen? Frau S. findet: "Nein, nein, es geht schon. Aber auf die Dauer?"
Wie lange ist diese Dauer? Ich schaue in meine Agenda, und alle Abmachungen werden provisorisch. Ferien? Besprechungen? Kurse? Jetzt will ich in der Nähe von Papa bleiben.

Papa strahlt: Frau S. hat ihm mitgeteilt, dass sie nächsten Monat doch nicht wie geplant in die Ferien gehe. "Das isch doch nätt", sagt er immer wieder. "Sie weiss halt am besten, was es braucht. Gäll, Trudi." (Sie heisst zwar Ruth. Papa hat Trudi, eine Verwandte, sehr gerne.) "Und lueg emol, so wie äs cha Bier ischänke, das isch halt einzigartig." Er hält zufrieden ein Gläschen alkoholfreies Bier vor sich – mit viel, viel Schaum.

Papa fröstelt. Er liegt unter fünf Steppdecken, die immer wieder herunterrutschen. Ich bringe ihm mein eigenes Daunenduvet mit. Darin hat er dann warm.

Bruno ist gekommen und hat es übernommen, eine Nacht lang zu "hüten". Als ich am Morgen vorbeikomme, ist er entmutigt. Vom Pflegen verstehe er schon rein gar nichts, habe ihn Papa angefahren. Ich sage nachher zu Papa, dass Bruno deswegen traurig ist. Da kommen ihm die Tränen: "Ach, der Bruno kann doch auch nicht alles können, woher soll er es auch?" Dann reden die zwei noch lange miteinander.

Unerledigtes?

Dann bestellt er sein Haus – wie ein Patriarch im Alten Testament: Er bespricht mit René in allen Einzelheiten, wie das Finanzielle zu regeln ist, was mit dem Haus geschehen soll, wie wir für Frau S. sorgen sollen und so weiter. "Gäll", sage ich zu ihm, "es ist schön, das alles noch in Ruhe ordnen zu können." "Ja", sagt er, "das ist gut."

Und jetzt steht im Raum, was wir miteinander noch zu bereinigen haben, in diesem Schlafzimmer, in dem wir beide sitzen. "Noch wegen der Taufe", sage ich, "ich habe deinen Wunsch schon nicht vergessen, und ich hab's ja auch Mama versprochen, aber das Taufen ist für mich nicht nur eine Formsache. Ich kann erst dann taufen, wenn's für mich auch stimmt. Aber das kommt dann schon." (Seit fünf Jahren ist die Taufe meiner Kinder unterschwellig ein Streitpunkt zwischen meinen Eltern und mir. Wir haben unsere Kinder nicht – oder noch nicht – taufen lassen, weil für uns die katholische Kirche mit der Zeit immer weiter weggerückt ist. Aber ich bin mit den Kindern zusammen auf der Suche nach *meinem* Glauben, *meinen eigenen Quellen*.) Da kommen Papa die Tränen: "Ja", sagt er, "mach das doch mit dr Taufi, d'Frau het das au immer so fescht wölle." Noch als Mama krank gewesen sei, habe sie immer gesagt: "Warum tauft au d' Sylvia die Chinder nit?"

Ich erzähle ihm, dass ich nun auch Pfarrern Kurse gebe, was ihn sehr erstaunt. "Was kannst denn *du* denen beibringen?" Und dass ich mit anderen Frauen zusammen nach neuen Formen von Religion suche. Da sagt er nichts mehr.

Noch zwei Stationen

In der Nacht zum Pfingstmontag habe ich einen Traum:
Ich sitze in der Stube im Elternhaus. Mama sitzt neben mir am Tisch, Papa auf einem Hocker. Da sehe ich, dass er schwankt, hat er zuviel getrunken? Ich fürchte, dass er vom Hocker stürzt, aber René hat sich schon hinter ihn gesetzt und hält ihn. Mama murmelt etwas vor sich hin, macht eine Art Ritus. Ach,

sage ich, macht ihr alles noch so wie früher? Ja, erwidert sie, jetzt muss Papa noch in zwei Wirtshäuser, und dann braucht es nur noch das Abendgebet.

Ich erwache und denke: Was bedeutet das wohl, die zwei Wirtshäuser, wird Papa noch zwei Stunden leben, zwei Tage, zwei...?

Als ich am nächsten Morgen zu Papa komme, hat sich etwas mit ihm verändert. Er wirkt viel entspannter, erfüllter, nicht mehr so resigniert.

Er habe diese Nacht das Gefühl gehabt, er sei im Koma, sei schon drüben gewesen. Und jetzt wolle er wirklich sterben. Ich solle mit dem Doktor reden, er solle ihm dabei helfen. Er wolle nun nichts mehr essen, er habe genug gegessen.

Am übernächsten Tag, als der Arzt läutet, erkläre ich ihm an der Türe Papas Wunsch. Als er ins Schlafzimmer tritt und Papa ihm sein Anliegen vorträgt, sagt er ruhig: "Jetzt wollen wir zuerst schauen, wie es Ihnen geht." Dann legt er seine Instrumente beiseite, setzt sich zu Papa auf den Bettrand, nimmt seine Hand und sagt: "Herr Frey, da verlangen Sie etwas von mir, was kein Mensch einem anderen geben kann und darf. Ich verstehe, dass Sie ungeduldig sind, aber vielleicht hat das auch seinen Sinn, so in Ruhe manches überdenken zu können." "Ach", sagt Papa, "das habe ich schon gemacht, ich habe alles geordnet." "Ja", meint der Arzt, "das ist die erste Phase. Aber wenn man alles Praktische erledigt hat, so hat man doch in der zweiten Phase umso mehr die Ruhe, um noch einmal sein Leben zu überdenken. Beim dritten Abschnitt, da helfe ich Ihnen dann schon. Aber jetzt ruhen Sie sich noch etwas aus, und wenn Sie nichts mehr essen mögen, so trinken Sie halt das, was Sie 'gluschtet'. Sie brauchen ja jetzt nicht mehr so viel."

Ich gehe mit dem Arzt hinaus und frage ihn, was er mit der dritten Phase gemeint habe. "Das ist, wenn er bewusstlos wird. Dann kann ich ihm eine starke Schmerzspritze geben."

Papa hat schon vor einigen Jahren – so wie Mama – eine Sterbeverfügung aufgesetzt. Darin wünscht er ausdrücklich, dass wir ihm die Intensivstation ersparen und auf keinen Fall sein Leben unnötig verlängern, sondern ihm alle notwendigen Schmerzmittel geben, auch wenn sie das Leben verkürzen könnten.

Papa isst nun nichts mehr. Er trinkt etwas Saft, ein Gläschen Bier, Mineralwasser, und ist froh, dass er kein Essen zurückweisen muss. Das ist nicht einfach für Frau S..

Champagner

Die stämmige Gemeindeschwester bringt ihn noch auf eine andere Idee: Champagner, das tue auch gut. Sogleich schickt er mich in den Keller um nachzusehen, ob es noch genug hat. "Jetzt wollen wir zusammen trinken", sagt er vergnügt. Aber der Champagner brennt ihn im Hals, lässt ihn husten. "Da bleibe ich lieber beim Bier (das alkoholfreie erträgt er gut), aber den Champagner müsst Ihr wegtrinken, bevor ich sterbe."

Einige Tage später sitze ich bei einer Freundin in Zürich bei einem Glas Wein. Es ist kurz vor Mitternacht, als das Telefon läutet. Ich zucke zusammen: Das kann nur für mich sein. Es ist René, der mir sagt, es gehe Papa sehr schlecht, er müsse Blut erbrechen, und er wünsche, dass ich komme. Der letzte Zug ist schon weg, aber Ursula reicht mir kurzerhand ihren Wagenschlüssel, und dann fahre ich durch die Nacht. Und ich verhandle mit dem Tod, er solle doch noch warten, bis ich zu Hause angekommen bin. Gut, dass ich die Strecke kenne. Ich habe meine Brille nicht dabei, aber ich spüre, dass ich noch nie so sicher gefahren bin.

Zu Hause öffnet mir René die Türe, lächelt verlegen und sagt: "Vielleicht wäre es nicht nötig gewesen, dass du kommst, es geht wieder etwas besser."

"Gut, dass du gekommen bist", begrüsst mich Papa, "ich werd's wohl nicht mehr lange ma-

chen." Er muss wieder erbärmlich husten. Grosse Fetzen Blut kommen heraus. Frau S. und ich sehen uns erschrocken an. Später nimmt er noch ein Gläschen Bier und besteht darauf, dass wir einen Champagner aufmachen.
Etwas verdutzt sitzen wir dann mitten in der Nacht mit den langstieligen Gläsern in der Hand an seinem Bett. "Feiern müsst ihr", sagt er immer wieder, "ich habe ein schönes Leben gehabt, jetzt kann ich doch auch sterben." Dann betten wir ihn wieder flacher, und er schläft ruhig ein.

Der Hausarzt erklärt mir am nächsten Morgen, dass die blutigen Fetzen vom Tumor im Hals kommen, der langsam zerfällt, so wie ein faulender Apfel. An seinem Hals hat sich ein kleines Loch gebildet, aus dem der Eiter fliesst. "Das muss heraus", sagt der Arzt zu Papa, "das hat die Natur gut eingerichtet: Sie schafft alles Üble heraus."

Das Bild des Apfels, der langsam zerfällt, lässt mich in den nächsten Tagen nicht mehr los.

In den folgenden Tagen nimmt Papa Abschied von uns und einigen engen Freunden, jeweils mit einer Flasche Champagner. Auf der Küchenterrasse stehen die leeren Flaschen in einer Reihe. Ein eigenartiges Sterbehaus.

Toni, eine Freundin der Familie, kommt und sagt zu Papa: "Du hast ja wirklich so viel Glück und Erfolg erlebt in deinem Leben und nichts als Freude gehabt mit deinen zwei tüchtigen Söhnen und deiner Tochter." "Ja", sagt er gerührt, "wär hät das dänkt, zwei Söhn, wo Profässer worde sin."

S' isch scho rächt Als wir darauf allein sind, sage ich zu ihm: "Gäll, nume mit mir hesch Ärger g'ha. Wir haben oft nicht das Gleiche im Kopf gehabt, und harte Köpfe haben wir beide. Aber ich möchte dir doch für alles danken." Da nimmt er meine Hand und sagt ruhig: "Jo, jo, es isch scho rächt."

Einige Tage später läutet wieder das Telefon mitten in der Nacht. Es ist Frau S.. Angst zittert in ihrer Stimme. Ob ich kommen könne, Papa sei so ganz anders.

Schwer atmend liegt er im Bett. Die Wangen sind eingefallen, er sieht aus wie ein uralter Mann, der sich schon auf den Weg gemacht hat, weit von uns weg. Er reagiert kaum mehr. Frau S. und ich sitzen lange schweigend an seinem Bett. Ich halte seine Hand. Manchmal stockt der Atem. Dann schauen Frau S. und ich uns fragend an.

Vor ein paar Tagen bin ich in den ersten Stock hinaufgegangen, um die Schachtel mit der Aufschrift "Zum Versehen" herunterzuholen. Diesmal sind die Sachen nicht mehr blank gerieben, keine Mutter hat sie sorgfältig versorgt. In aller Ruhe habe ich dann die Gegenstände geputzt. Eine schöne Arbeit. Die Kerzen waren zur Hälfte heruntergebrannt. Als vor eineinhalb Jahren die Männer vom Beerdigungsinstitut Mama geholt hatten, hatte ich sie ausgelöscht.

Kinderzeichnungen

Darauf habe ich das Kruzifix, die Kerzen und auch die Madonna, die hinter Papa an der Wand gehangen hat, zusammen mit Blumen auf der Kommode aufgestellt. "Ja", hat Papa genickt, "so kann ich es gut sehen." Dazu habe ich Kärtchen und Briefe von Freunden gestellt und die Zeichnungen meiner kleinen Tochter.

Anne-Lea hat auf der einen Zeichnung eine heranfliegende "Frau-Gott" gezeichnet, welche den Grosspapi unter ihren weiten Mantel nimmt. Daneben sieht man eine kleine Figur mit Flügeln. "Das ist Grossmami, die heranfliegt." Auf der anderen Zeichnung sieht man beide, Grossmama und Grosspapa, im Bauch der Frau-Gott, die ihre Hände fröhlich wie zum Segen erhoben hat. Und Grossmama streckt Grosspapa die Hand hin und sagt: "Sali." Als Papa diese Zeichnungen angeschaut hat, sind ihm Tränen in die Augen gestiegen.

Wie stellt sich Papa wohl ein Leben nach dem Tode vor? Wo ist eigentlich der Kern seines Glaubens? Ich habe nur den Rahmen sehen können: Er ist sein Leben lang am Sonntag und später am Samstag in die Kirche gegangen. Und oft hat er seinen Unmut ausgedrückt über den Pfarrer, der seiner Firma keinen Auftrag gegeben hatte für den Neubau der Kirche ("Das sin doch alles Gauner") und über die neue Liturgie, bei der man die ganze Zeit aufstehen und dann wieder sitzen und dann schon wieder knien muss. Und in den letzten Jahren bemängelte er, dass der Pfarrer viel zu leise rede, man verstehe ja nichts. Lange Zeit hat er lieber die Radiopredigt zu Hause auf dem Sofa gehört, aber in die Kirche ist er trotzdem jeden Sonntag gegangen.

Alte Gebete

Als ihm der Pfarrer, sein Freund, die letzte Oelung gab, hat er nachher zu mir gesagt: "Ja, das soll ja ein Trost sein." Und zum Pfarrer sagte er, halb scherzhaft, nach ein paar Tagen: "Wenn das dann nicht stimmt, was du uns da versprichst vom Jenseits, dann wart' nur..." Verärgert und betrübt hat er gesagt, wir sollten die Beerdigungsmesse nicht beim Pfarrer im Quartier machen. "Der hat so eine dumme Bemerkung gemacht, letztesmal, weil Mama sich kremieren lassen wollte, so ne Verruckte isch das." Papa will sich auch kremieren lassen: "Machet eifach alles so wie by dr Frau."

In dieser langen Nacht am Bett meines schweratmenden Vaters fällt mir der Traum wieder ein, den ich vor ein paar Tagen hatte, in dem Mama sagte, man müsse jetzt nur noch das Abendgebet sprechen. Ist es das, was es jetzt braucht?
Ich bitte Frau S., mit mir zusammen ein Vaterunser und ein Ave Maria zu beten. Lang ist's her, seit ich diese alten Texte gebetet habe. Erinnerungen an die Maiandacht steigen auf, als das Murmeln der betenden Frauen wie Wellen an- und abschwoll. Ich bin froh, dass ich Frau S. immer ein wenig hinterherbeten kann, ich weiss die Worte kaum mehr.

Papa scheint unser Beten zu hören. Er beruhigt sich, atmet regelmässiger und schläft ein.

Am Morgen gibt ihm der Arzt eine starke Schmerzspritze, und ich gehe kurz nach Hause. In meinem Garten schneide ich Rosen ab für Papa. Doch rasch treibt es mich wieder ins Elternhaus.

Nun ist Papa wirklich auf seinem letzten Wegstück. Wenn ich ihn rufe, stockt sein Atem leicht, sonst reagiert er nicht mehr auf uns. Ich sitze auf dem Bett nebendran und mache eine Handarbeit. Es ist so ruhig. Die

Türe zum Garten ist halb offen, unter dem Rolladen flutet ein kleiner Streifen Sonne herein, meine Rosen verströmen ihren reichen Duft, ich höre Frau S. in der Küche arbeiten. Die Zeit steht still. Eine tiefe Ruhe ist in mir.

Ich habe den Eindruck, dass jetzt vieles in Papa kämpft. Agonie bedeutet Kampf. Seine Wangen sind eingefallen, die Nase spitz, der Mund geöffnet. Es ist, als werde auf dem Gesicht sichtbar, wie Papa nun die letzte Kraft in sein Innerstes zurückzieht, auf das, was es jetzt zu tun gilt, auf das, was er jetzt sieht.

Plötzlich strömen mir die Tränen aus den Augen: "Papa, wo bist du? Komm zurück!" Ich schaue zur Türe. Kommt er jetzt herein, der Tod? "Nein, bitte, wart' noch ein wenig!" René kommt vorbei und bleibt schweigend am Bett stehen. "Ich muss jetzt wieder weg. Es geht vielleicht noch lange. Ich übernehme dann alles Praktische. Ruf mich an, wenn etwas passiert ist. Bruno wird gegen Abend kommen."

Streiten und sterben Da gehe ich zum Telefon und rufe Papas Lieblingsschwester Martha an: "Bitte sei in Gedanken bei ihm, er kann es jetzt brauchen", sage ich spontan. Da fängt sie an zu schimpfen: "Ja, der arme Leo, wie kannst du ihm das auch antun und die Kinder nicht taufen. Wenn ich denke, die armen Heidenkinder. Auch deine Mama hat's fast nicht überwinden können! Sowieso, seit ein paar Jahren bist du unter schlechten Einfluss gekommen..." Ich unterbreche sie und sage: "Du, ich finde, es ist nun nicht der Moment, darüber zu streiten, und: Es gibt nun einmal verschiedene Wege zu Gott." Dann hänge ich auf.

Wieder im Schlafzimmer steche ich mit meinem Häckchen wütend in den Topflappen. Die Ruhe ist hin.
Ich schaue verärgert zu Papa hinüber: "Du bist auch so einer gewesen, der gemeint hat, er müsse allen Leuten vorschreiben, wie sie zu leben haben. Keinen Dreck hat es Dich interessiert, was *mir* wichtig ist, wie's *mir* geht, was *ich* mir überlege!"
Und dann höre ich wieder eine andere Stimme, die in mir sagt: Hätte ich diese Taufe nicht doch noch machen können, so eine Staatsaffäre ist das ja auch wieder nicht. Aber ich habe es ja versucht, ich habe mit einem befreundeten Pfarrer darüber geredet, bis mir klar wurde, dass taufen auch heisst, in die kirchliche Gemeinschaft aufgenommen zu werden. Und sie ist nun einmal nicht mehr meine Gemeinde, meine Gemeinschaft, in die ich eingebettet bin. Vielleicht werde ich in den nächsten Jahren langsam die Formen für meinen Glauben finden und auch die Men-

schen, die in die gleiche Richtung wie ich auf dem Weg sind.

Plötzlich ist die Ruhe wieder da: Ich darf, ich muss anders sein als mein Vater. Ich wende mich zu ihm und sage laut: "Und wegen der Taufe, Papa, vergiss nicht, ich bin auf der Suche."

Dann sitzen Frau S., Verena, die Frau von René, und ich lange um Papas Bett. Frau S. befeuchtet ihm von Zeit zu Zeit Augen und Mund. Zwischendurch stockt der Atem, aber immer wieder scheint sich das Herz aufzubäumen und dann setzt der Atem wieder ein.

Als Verena gegangen ist, bitte ich Frau S., mit mir langsam nochmals die zwei Gebete zu sprechen.
Es ist, als ob Papa bei den ersten Worten aufhorchen würde: Vater unser, Mutter unser. Und wie wir die letzten Worte sprechen: Bitte für uns, jetzt und in der Stunde unseres Todes – hört er auf zu atmen.

Wir warten darauf, dass der Atem wieder einsetzt, aber diesmal bäumt sich sein Herz nicht mehr auf. Schwach spüre ich mit meiner Hand noch die letzten Herzschläge – und dann spüre ich sie nicht mehr.

Aufgebahrt

Ich schliesse Papa die Augen, und dann waschen wir ihn. Was bei Mama noch so neu und ungewohnt war, ist für mich jetzt schon etwas Selbstverständliches. Frau S. rasiert Papa zum letztenmal. Er hat immer – auch in den letzten Tagen – Wert darauf gelegt, sauber rasiert zu sein. Und dann suchen wir das schönste Sonntagshemd aus dem Kasten. "Er hat es zwar nicht so besonders gern gehabt", meint Frau S. Aber ein spezielles Totenhemd? "Das, was ich do aha, das isch dänk no lang guet", höre ich ihn sagen.

Nun liegt er da, mit dem Rosenkranz und dem geweihten Sterbekreuz in den Händen. "Vergesst das dann nicht!" Bei Mama hatte er selbst nicht mehr daran gedacht, dass sie ja – bei der Hochzeit? – zwei Sterbekreuze bekommen hatten mit einem ganz speziellen Ablass – für den letzten Weg.

Er sieht streng aus mit der weissen Bandage um den Kopf, wie ein Adeliger in einer mittelalterlichen Gruft. Auch Mama hatte nach dem Tod, als sie aufgebahrt war, etwas Strenges gehabt. Näher beim Bild, das wir uns von ihnen gemacht haben, "wie in den guten Tagen". Aber das Bild hat auch etwas Wächsernes. Wie ein Haus, aus dem man noch die letzten Sachen herausnimmt, in dem man aber nicht mehr wohnt.

Daneben die Erinnerung, wie beide dagelegen sind und mit etwas gerungen haben in ihren letzten Stunden und Minuten: Alles Unnötige ist abgefallen, scharf sind die Knochen hervorgetreten, die Augen sind in ihre Höhlen zurückgesunken und haben dabei wohl noch nie etwas so klar, so fest, so unausweichlich gesehen. Der Ausdruck ist immer durchsichtiger, elementarer geworden. Erschreckend, unendlich berührend und – schön.

Würde sich, wenn wir den Kiefer nicht hinaufgebunden hätten, der Ausdruck des Gesichts nach dem Tode von sich aus wieder dem uns Gewohnten annähern, oder würde er uns fremd bleiben, und würden wir Lebenden das kaum ertragen?

Am Abend kommt Maria, eine Freundin, zu mir heim und massiert mich. Wie sie mich behutsam umdreht, ist mir, als sei ich plötzlich Papa. "Du bist so steif", sagt sie.

Ämter

Am nächsten Morgen stehe ich schon früh im Gang des Zivilstandsamtes. Anzeige einer Veränderung im Zivilstand. Noch ist niemand im Büro. Ich lehne mich aus dem geöffneten Fenster und sehe, wie sich die Sonne auf den Altstadtdächern spiegelt. Da steigen mir Tränen auf. Jetzt habe ich weder Mutter noch Vater.

Im Büro "Anmeldung von Sterbefällen" schreibt der Beamte langsam und sorgfältig in ein dickes schwarzes Buch, dass Leo Frey-Bach, geb. 1899, von Laufen, gestern gestorben ist. Ob sie dafür den Computer, der hinten auf einem Pult steht, nicht gebrauchen? Nein, nein, lacht er, dafür noch nicht. "Schauen Sie", er öffnet einen Kasten, "da ist das Sterberegister." Eine lange Reihe von grossen schwarzen Büchern mit Handeinträgen. Und mit meiner Unterschrift muss ich bezeugen, dass ich, die Tochter, die Wahrheit gesagt habe.

Im nächsten Büro, angeschrieben mit "Bestattungen", ist ein Tessiner temperamentvoll in Aktion. Er notiert sich Papas Wünsche: Kremation, Familiengrab, Bestattung im engeren Familienkreis, Publikation erst nach erfolgter Bestattung. Dazwischen nimmt er immer wieder das Telefon ab: "Was, der Tote vom Autobahnunglück von gestern? Ja, sein Bruder kommt am Nachmittag vorbei."

Davon habe ich gestern in der Zeitung gelesen: Ein Lastwagen hat die Mittellinie durchschlagen und ist voll auf ein entgegenkommendes Auto geprallt. Der Autolenker, ein Mann in meinem Alter, war sofort tot.

Wieder ein Telefon: "Was, Sie wollen Ihre Frau in Basel beerdigen lassen, ohne dass Sie beide von Basel sind, ja, wie stellen Sie sich das denn vor? Meinen Sie, wir haben Platz für alle, da könnte ja jeder kommen..."

Endlich ist alles in der richtigen Ordnung. Er drückt mir die Hand, sagt etwas von Beileid, und ich bin wieder draussen.

Der Sterbeladen Etwas später stehe ich vor dem kleinen Schaufenster des Beerdigunginstituts. Es hat mich schon als Kind beeindruckt, wenn wir vorübergingen, auf dem Weg ins Kino: Eine hässliche Metallurne steht vor einem schwarzen Vorhang. Immer noch die gleiche Urne, der gleiche Vorhang.

Wie ich die Tür öffne, bin ich überwältigt. Hier drinnen ist die Zeit stehengeblieben: Ein uralter Tisch und düstere Schränke. Ein schwarzgekleideter Mann kommt eine kleine Treppe herunter und erkundigt sich freundlich nach meinen Wünschen. Dann verschwindet er wieder.

Ich schaue mir die verschiedenen Sargmodelle an, die aufgestellt sind. Teure Särge aus Metall mit Puten und Blumenranken bis zum einfachen Staatssarg, der jedem kostenlos gestellt wird. Den hat Papa sich gewünscht. Den will ich auch einmal für mich.

Die Schubladen der Wandschränke sind mit altmodischer Handschrift bezeichnet: "Hemden Frauen", "Socken Männer". Ich kann einen Blick in den Hinterhof und in ein weiteres Zimmerchen werfen. Wasser läuft irgendwo, und ein offener Sarg ist mit einem weissen Tuch ausgelegt.

"Wissen Sie, dass im Staatssarg nur Sägespäne sind?", sagt der Mann im schwarzen Anzug. Da gehe ich doch noch zu den Schubladen und wähle ein einfaches weisses Kopfkissen aus. Damit Papa etwas weicher liegt. Als ich wieder in die Sonne hinaustrete, gehe ich zum Münsterplatz und nehme mir die Zeit für einen Kaffee. Am Nebentisch erzählt ein junger Mann, der Vater eines Kollegen sei gestorben, und dieser habe alles ganz schnell hinter sich bringen wollen.

Danach schaue ich wieder einmal das "Bilderbuch" am Münster an. Das Rad der Fortuna: Rechts stürzt einer herunter, und auf der anderen Seite klammert sich ein anderer ans Rad: Es geht wieder aufwärts.

Bilder

Bei den Seligpreisungen sieht man eine Frau, die in ihrem Arm liebevoll einen kranken Mann aufgerichtet hat und ihm etwas zu trinken gibt. Wie es Frau S. so oft in aller Selbstverständlichkeit mit Papa getan hat. Und oben, bei der Auferstehung der Toten, als der

Engel schon in die Posaune bläst, da beeilen sie sich und ziehen sich rasch wieder an. Zwei Männer schlüpfen hastig in ihre Strümpfe. Hm, denke ich, wir haben Papa ja keine Strümpfe angezogen...

Am schönsten aber ist, in der Mitte des Hauptportals, eine sitzende Gestalt in einem weiten Gewand. Es ist Abraham, und ein paar Menschlein, die Seelen der Gestorbenen, schauen vergnügt aus seinem Schoss heraus.

Als ich ins Elternhaus komme, ins Haus, in dem nun keine Eltern mehr sind, ist Frau S. daran, das Duvet zu sonnen. "Jetzt können Sie es wieder mitnehmen. Das war eine prima Idee, hat Ihr Vater immer wieder gesagt, do het me doch au richtig warm." Und: "Jo, wenn's druf a chunt, cha mes scho bruche, s' Sylvia."

Die letzte Fahrt

Und dann kommen sie auch ihn holen. Einer der beiden Männer ist noch sehr jung. Auf die Sägespäne legen wir das schönste Leintuch aus der Aussteuer von Mama – es wurde noch nie gebraucht – und dann betten wir Papa hinein. Ich streiche ihm noch die weissen Haare glatt. Der ältere Mann fragt: "Können wir schliessen?" Wie oft haben sie diesen Satz wohl schon gesagt? Und dann ziehen sie die vier Holzschrauben an.

Jetzt schaue ich vom Gartentor aus – schon wieder – dem schwarzen Auto nach, bis es langsam um die Ecke verschwindet. Ich stelle mir vor, dass Papa im andern Sarg, der schon im Auto war, einen alten Bekannten wiedererkennt. "So, bisch au do", würde er sagen und höchstwahrscheinlich würde ihm ein Witz einfallen, zum Beispiel vom Bäuerlein, das in den Himmel kommt.

Ich gehe zum Haus zurück und lasse mich in einen Gartenstuhl fallen. So wird ein Mensch einfach sang- und klanglos auf seine letzte Fahrt geschickt. Keine Freunde und Nachbarn geben ihm das letzte Geleit, kein Fremder zieht seinen Hut, keine Musik spielt, und keine Glocken läuten.

In Gedanken wenigstens begleite ich den Totenwagen auf der Strecke zum Friedhof: Hier geht es rechts nach Laufen, deiner Heimatstadt, an der dir so viel gelegen ist, und da links, das Geschäft, das du aufgebaut und dann im Alter wieder verkauft hast, als du sahst, dass keiner der Söhne es übernehmen wollte. Und jetzt kommst du beim Park vorbei, wo wir mit Mama deinen Geburtstag gefeiert haben, bevor die Tage der furchtbaren Krämpfe gekommen sind. Und hier der Fluss, die Birs, an dem wir mit unseren Hunden baden gegangen sind. Du hast sie gerne gehabt, wie ich auch, Zippo I, Zippo II, Zippo

III, und sie haben nur dir gehorcht, bis du auch den letzten weggeben musstest, weil Mama sie nicht mehr ertragen hat. Und da, links, schau das kleine Haus, in dem ich nun wohne. Da hast du uns – trotz allen Spannungen – mit Geld geholfen, als wir keine Wohnung finden konnten. "Chind müen doch use chönne, in ä Garte go schpile", hast du gesagt und dich immer wieder gefreut, dass wir zusammen dieses Haus gefunden haben. Und jetzt sind wir schon beim Friedhof. Weisst du noch, hier hast du doch erst vor kurzem noch Blumen gekauft für Mama, aufs Grab.

Als ich am Abend Andri, meinem kleinen dreijährigen Sohn, erzähle, dass sie Grosspapa abgeholt haben in einem schwarzen Auto, da sagt er: "Aha, dr Tod het e schwarzes Auti."

Und Anne-Lea spinnt den Faden weiter: "Nein, nein, der Tod hat ein durchsichtiges Auto, mit dem trägt er die Seele von Grosspapi in den Himmel und dann wird daraus ein Sämchen, und schau da – ich zeichne es dir, damit du es verstehst – da legt er das Sämchen ins Pfeifchen von diesem Papi. Dann geht es in den Bauch von einem neuen Mami, und schau da, da bekommt sie dann das Buschi. Und sie freut sich."

Das Kapellenfestchen

Jetzt steht die Beerdigung vor der Türe – oder das "Kapellenfestchen", wie Anne-Lea es nennt. Papa hat sich ausdrücklich gewünscht, dass wir an der Beerdigung keine schwarzen Kleider tragen: "Da gibt es nichts zu trauern, ich sterbe ja gerne."
Anne-Lea und ich haben unsere Lieblingskleider angezogen: Ihres ist weiss mit Blümchen, meines dunkelblau mit einem bunten Schal. Als wir auf die Kirche zugehen und die andern in dunkelblauen Kleidern dastehen sehen, knöpft Serge seine braune Lederjacke zu, so dass von seinem roten Hemd nur noch ein klein wenig herausschaut.

Ich habe mir vorgenommen, diesmal während der Abdankung, nach den Worten des Pfarrers, auch etwas zu sagen. Aber es wird mir recht heiss, wie ich nach der Ansprache des Pfarrers aufstehe, nach vorne gehe und vor den Leuten stehe. Doch jetzt sage ich ruhig, dass ich einen Text vorlesen möchte – er ist aus der Bibel, an den ich in den letzten Jahren oft habe denken müssen: Als vor einigen Jahren am gleichen Tag am Morgen ein Onkel von mir gestorben ist und am Abend Anne-Lea geboren wurde. Vielleicht haben sich die zwei angetroffen auf dem Weg von und zu unsrer Welt. Es war für beide Zeit, Zeit zum Gehen und zum Kommen. Dann, als Papa am Totenbett von Mama gestanden ist und einfach gesagt hat: "Jo, jetzt isch's so wit." Und schliesslich in den letzten Tagen, als Papa immer wieder gesagt hat: "Jetzt isch's Zyt, i ha gläbt und i ha guet gläbt."

Alles hat seine bestimmte Stunde
jedes Ding unter der Sonne hat seine Zeit

geboren werden hat seine Zeit
und sterben hat seine Zeit

pflanzen hat seine Zeit
und ausreissen hat seine Zeit

lachen hat seine Zeit
und weinen hat seine Zeit

einreissen hat seine Zeit
und aufbauen hat seine Zeit

klagen hat seine Zeit
und tanzen hat seine Zeit

Steine werfen hat seine Zeit
und Steine sammeln hat seine Zeit

umarmen hat seine Zeit
und sich meiden hat seine Zeit

zerreissen hat seine Zeit
und nähen hat seine Zeit

suchen hat seine Zeit
und verlieren hat seine Zeit

und schweigen hat seine Zeit
und reden hat seine Zeit

(Prediger 3, 1-7)

Die Eier

Dann, vor der Abdankungskapelle, kommen Tante Flora und Tante Martha auf mich zu. "Du Sylvia", sagt die strenge Tante Flora, "du bisch ä tolli Frau worde." "Ja", erwidere ich lachend, "da musst du aber Tante Martha fragen. Sie schimpft jedesmal mit mir, wenn sie mich sieht." "Nein, nein", lacht diese, "jedesmal nicht", und zu Tante Flora gewandt: "S' isch scho guet, nimmt 's es eim nit übel."

Zwei Wochen später gibt sie Frau S. drei Schachteln Eier mit für mich. Seit ich mich erinnern kann, hat sie solche Eier ("ganz früschi, weisch") Mama und später Papa mitgegeben. Jetzt kommen sie zu mir.

Seelenfenster

Nach der Geburt ihres kleinen Brüderchens wollte Anne-Lea einmal mit mir Geburt spielen. Sie steckte mir ihren grossen Teddybären unter den Pullover und sagte: "Lieg' jetzt schön ruhig da, ich bin nun der Doktor." Dann ging sie zum Fenster, öffnete es und streckte ihre Händchen aus, wie wenn sie etwas empfangen würde. "Was machst du denn jetzt?", fragte ich, "du weisst doch von Andri, dass die Kinder aus dem Mamibauch kommen." "Ja schon, aber der Doktor muss zuerst das Fenster aufmachen."

"Mami und Anne-Lea bym kranke
Grosspapi"
Anne-Lea, Juni 1984

"Grosspapi isch im Mantel vo Gott.
S'Grossmami chunt au go zfliege."
Anne-Lea, Juni 1984

"D'Frau Gott mit schtruppige Hoor, und em
Grossmami und em Grosspapi unter de Flügel."
Anne-Lea, September 1984

"S'Grossmami git em Grosspapi
im Buch vo Gott d'Hand und seit: 'Sali'."
Anne-Lea, Juni 1984

Zeit zum Wiederfinden

Vom Räumen des Elternhauses...

Das Schuhkästchen

Am Tag nach der Beerdigung von Papa gehen mein Bruder Bruno und ich im Elternhaus noch einmal nachdenklich von einem Zimmer zum andern. Das Haus kommt uns nun so leer vor.

Jedes Ding hatte hier von jeher seinen Platz: Das Barometer im Herrenzimmer, an das Papa und Mama so oft geklopft haben, um zu schauen, ob sich das Wetter ändert. Das handgemalte Blumenbildchen über Mamas Secrétaire oder das Schuhkästchen im Gang. Seit wir uns erinnern können, steht links oben die Schachtel mit den braunen und schwarzen Schuhbändeln. Sie war nie woanders. S'isch halt immer eso gsy.

Auf dem Schuhkästchen sehe ich einen hellen Fleck. Jemand hat das alte kupferne Sieb, das dort immer stand, schon mitgenommen. Die alte Ordnung, die Ordnung der Eltern, fängt an, sich aufzulösen.

"Wenn wir einmal sterben, so habt ihr schon alle eure Möbel", hat Mama ein paarmal gesagt.
Ja, wir haben schon unsere eigene Art, uns einzurichten. Im Haus, und nicht nur im Haus, sondern auch im Leben.

Ich stehe vor der schweren Stehlampe aus Messing in der Stube der Eltern und denke an meine Spotlampen bei mir zu Hause. Wie anders meine Eltern und ich sich eingerichtet haben! Und: Was verbindet mich denn mit meinen Eltern – trotz aller Verschiedenheit?

Was von all diesen Dingen, die ich hier vor mir sehe, wird einen Platz in meinem Haus, in meiner Ordnung finden?

Die Ikone und das Nähetui

Am nächsten Tag treffen wir Geschwister uns wieder im Haus: Eine leichte Spannung ist in der Luft. Wer wird nun welche Sachen der Eltern bekommen? Ich schlage vor, dass jeder von uns die paar Dinge nennt, an denen ihm am meisten liegt. Bruno wünscht sich die alten Kupferstiche von Laufen, Papas Heimatort, und seinen Armeerevolver. Ich wähle die rotbraune Muttergottes-Ikone, eines der wenigen Bilder, das beiden Eltern lieb war, sowie Mamas altes kleines Nähetui. Und René will die Standuhr aus Mamas französischem Elternhaus haben und den Tiefkühlschrank im Keller.

Danach gehen wir recht entspannt von einem Zimmer zum andern, und miteinander bestimmen wir, was zu wem kommen soll.

Ob ich das Räumen zusammen mit Frau S. übernehmen will? Ich mache es gern. Hoffe ich, damit meinen eigenen Wurzeln näherzukommen, oder was suche ich dabei?

Mama

Eine Woche später komme ich mit leeren Papiersäcken wieder ins Elternhaus. Nach einem Kaffee mit Frau S. machen wir uns an die Arbeit.

Das Aufsatzheft

Während Frau S. in der Küche die Schränke ausräumt, beginne ich in meinem alten Kinderzimmer. Ich sitze vor dem kleinen Schreibtisch am Boden, blättere in meinen alten Schulheften. Wegwerfen? Da halte ich plötzlich ein altes, vergilbtes Heft in der Hand: "Compositions" steht darauf. Es muss ein Aufsatzheft von Mama sein, aus der Institutszeit. Mühsam kann ich entziffern, wie begeistert sie als junges Mädchen über ihr Elternhaus geschrieben hat. So viele prächtige Zimmer habe es gehabt und einen weiten geheimnisvollen Garten. Eine Schwester im Institut hatte mit Rotstift darunter geschrieben: Trop sentimental! Zu sentimental?
Mama, du hast später kaum mehr etwas von deinen Gefühlen gezeigt!
Eine von Mamas Freundinnen aus dem Institut in Nancy hat mir nach ihrem Tod erzählt, dass man Julia immer wieder habe suchen müssen. Sie hatte sich dann im WC eingeschlossen und war am Lesen. (Meine Mutter wurde Julia getauft; mein Vater nannte sie Lily.)

Furchtbar eng und streng sei es bei diesen Schwestern gewesen, hast du einmal erzählt. Ist dir dort wenig Raum geblieben für deine eigenen Bilder, Träume und Ideen?

Der goldene Becher Aus der Institutszeit gibt es noch etwas anderes: den Becher, der noch auf dem Stubenbuffet steht und den ich mir beim Teilen gewünscht habe. Am Boden ist Mamas Institutsnummer eingraviert, er ist aus Silber, und der innere Teil schimmert golden. Als kleines Mädchen hatte ich ihn immer wieder bestaunt: Mein Mami hat früher jeden Tag aus einem goldenen Becher getrunken – wie eine Prinzessin... "Der ist dann einmal für dich", hat mir Mama daraufhin erklärt.

Mamas Vater "war jemand", wie man so sagte: Er hat in einem Städtchen in Frankreich eine Textilfabrik geleitet. So konnte er seine Tochter in ein vornehmes Institut schicken. In der Krise der 20er Jahre ist der Betrieb dann aber geschlossen worden. Mama hat das Haus mit den vielen Zimmern und dem grossen Garten hinter sich lassen und mit ihren Eltern in eine kleine Wohnung nach Basel ziehen müssen. Sie hat oft traurig erzählt, dass beim Umzug auch noch der Möbelwagen in Flammen aufgegangen sei. So konnte sie kaum etwas von ihrer alten Welt mitnehmen.

Im Exil

Dann hat sie Papa kennengelernt und ist mit ihm aufs Land gezogen, nach Laufen. In der neuen, fremden Umgebung, weit weg von ihrer "culture française", muss sie sich wie ein Fisch gefühlt haben, der sein vertrautes Wasser verloren hat. Oft ist sie mit dem Zug nach Basel gefahren und hat sich französische Bücher geholt in der Bibliothek. Als kleines Mädchen habe ich staunend zugesehen, wie sie, bevor sie zu lesen begann, mit einem silbernen Messerchen die Seiten zuerst aufschneiden musste, wie dies damals bei vielen französischen Büchern noch nötig war.
Proviant für schwierige Zeiten im Exil?

Im ersten Stock finde ich im sogenannten "Kofferraum" Mamas alten kleinen Koffer. Sie hatte einen Überzug genäht, damit das schöne Leder geschont würde. Wie hat sie sich gefreut, wenn sie ihn hervorholen und auf Reisen gehen konnte! Am liebsten nach Frankreich. Zu Kirchen, Museen und Schlössern in weiten gepflegten Parks.

Papa ging nicht gerne nach Frankreich. Ich sehe ihn noch vor mir, wie er begeistert von einem kleinen Dörfchen in Süditalien erzählt, wohin er allein gefahren ist. Es sei halt schön gewesen bei der freundlichen Wirtin in der einfachen Trattoria. Und im vorsintflutlichen Thermalbädchen habe man mit den Leuten

aus der Umgebung auch etwas zum Lachen gehabt.
"Hejo, me muess doch öppis mache für sini Bräschte", meinte er dann und lachte, wie wenn er sich dafür ein wenig entschuldigen müsste. In deinem Lachen war für mich auch etwas Schlaues, Pfiffiges drin. Hiess es auch: Ich muss mir halt so holen, was mir lieb ist, was ich brauche?

Der Stickrahmen

Im Kofferraum finde ich in einem alten, rosarot angestrichenen Küchenbuffet auch Mamas Stickrahmen.
Nachdenklich halte ich ihn in der Hand. Es ist für mich ein Stück aus einer so fremden Welt.
"Ach weisst du", hat sie einige Male zu mir gesagt, "was haben wir doch im Institut und später in der Frauenarbeitsschule für unnütze Sachen gelernt! Riesige Tischtücher sticken oder uns stundenlang mit dem schweren Bügeleisen an endlosen Rüschen von Blusen und Unterröcken abmühen." "Hast du denn keinen Beruf gelernt?", fragte ich. "Ach, das war halt in unseren Kreisen nicht üblich."

In den unteren Schubladen finde ich Mamas Zickzackschere und Schachteln mit Stoffresten. Mama hat, als ich klein war, auch mit viel Eifer Kleidchen für mich und Pyjamas für Papa und die Buben genäht. Aber dann kam die Zeit, in der wir gekaufte Sachen schöner fanden. Auch begann ich, die Anproben bei Mama zu hassen. Ich musste endlos stillstehen, während sie an mir herumzupfte. Da hat Mama die Zickzackschere versorgt.

Gilberte, ihre Institutsfreundin, hat ihren Mann früh verloren. Sie hat sich dann in einer Sekretärinnenschule eingeschrieben. Ich finde Briefentwürfe, in denen Mama sie bemitleidet, bewundert und – wie mir scheint – auch beneidet.
Mama wollte später, dass ich Sekretärin oder Schneiderin würde. Sie wäre das gern selbst geworden.

Ich erinnere mich: Wenn ich als Mädchen ins Elternhaus von Papa kam – ein einfaches Bauernhaus, in dem es so gut nach Holz und Äpfeln roch – bin ich zuerst unten mit Mama ins "Atelier" gegangen, während Papa und die Buben hinauf in die Küche stiegen. Im "Atelier" war das Reich der Schwestern von Papa, die alle drei Schneiderinnen waren. Ledig geblieben, haben sie für sich selbst gesorgt.

Auf einem der Nähschemel sitzend, habe ich mit farbigen Stöffchen gespielt, die mir Tante Martha geschenkt hat. Und ich habe den Frauen zugeschaut, wie sie grosse und kleine Knöpfe auf schimmernde Stoffe legten. Da meine Tanten nicht gerne in die Stadt gingen

Gummiband

– "do isch so ne Lärm und so ne Zügs" – hat Mama im besten Textilhaus in Basel jeweils die Knöpfe für sie besorgt.
Es war schön in der Welt meiner drei selbständigen Tanten.

Bei Mamas Nähsachen finde ich auch einen grossen Vorrat an Gummilitzen. Da sehe ich Mama vor mir, wie sie an der Haustür steht. Sie hat für jeden Hausierer ein gutes Wort gehabt und ihm etwas abgekauft – halt Gummiband. Sie hat sich gerne in das Leben von anderen hineingedacht. Wie es etwa ist, wenn man mit einer schweren Tasche von einer Türe zur andern geht und kaum jemand aufmacht.

Dieses Räumen tut mir gut. Mit jedem Gegenstand, den ich in die Hand nehme, kommen mir meine Eltern und ich mir selber als Mädchen entgegen. Oft sitze ich ganz versunken da, Bilder steigen vor mir auf, Tränen laufen mir plötzlich übers Gesicht – und dann muss ich wieder lachen über einen oft gehörten Satz meiner Eltern.
Zwischendurch gehe ich zu Frau S. in die Küche, und wir kommen bei einem Milchkaffee ins Erzählen. Sie über die letzten Monate meiner Eltern, ich von früher.
Dann geht es wieder weiter mit dem Räumen.

Auf diese Weise kann ich Schritt für Schritt
Vergangenes noch einmal kommen lassen
und anschauen.
Mit jedem Ding, das ich in die Hand nehme,
ergreife, begreife ich wieder etwas mehr.

Papa

Die Werkstatt

Und dann steige ich in den Keller hinunter und schaue mich in Papas Werkstatt um. 40 Jahre lang hat er sich erfolgreich gewehrt, wenn hier "d'Fraue" seine Schränke herausputzen wollten.

Als ich in der Werkstatt den rosa bemalten, alten Küchenschrank aufmache, kommt mir eine Welt entgegen, die ich so gerne habe. Sie erinnert mich an Ferien und Besuche bei Papas Brüdern, die ein Handwerk gelernt hatten.
Uralte Glasflaschen voll von dunklem Öl, Zigarrenschachteln, beklebt mit Bildern von prächtigen Frauen und romantischen Landschaften, in denen Papa hart gewordene Gummidichtungen aufbewahrt hat. Ein Büchslein "Halsfeger" voll mit schwarzen Schusternägeln, und dahinter noch eine halbzerbrochene Stallaterne.
Wie gut das riecht!

Papa hat es nach einer Woche im Büro jeden Samstagnachmittag in seine Werkstatt gezogen. (Er war nach der kaufmännischen Lehre rasch Prokurist geworden und hatte dann ein eigenes Bauwarengeschäft aufgebaut.)

Wir Kinder sollten uns dann jeweils als

Handlanger nützlich machen, wenn er etwas im Haus oder im Garten flicken wollte. Aber wir haben uns, wenn immer möglich, davor gedrückt. Denn wir wurden unwirsch angefahren, wenn wir ihm etwa den falschen Schraubenzieher reichten.

Auch Mama war von Papas Samstagsarbeit nicht begeistert. Einmal hatte er mit Zement den Riss in der schönen Steintreppe zugekleistert. "Wie gseht au das us, me chönnt jo meine! Do bruchts doch ä rächte Handwärker!" hat Mama entsetzt gemeint, als sie es sah. Daraufhin hat es harte Worte zwischen ihnen gegeben.
Ich habe mich dann bedrückt unter den Küchenbalkon verzogen, zu Zippo, unserem Hund.

Jetzt sehe ich auch Papa wieder vor mir, wie er viel später die Treppen unseres neu renovierten, kleinen Hauses hinaufsteigt, in das ich mit meiner Familie eingezogen bin. Serge, der handwerklich sehr geschickt ist, hat selbst viel daran gearbeitet. Papa streicht anerkennend über eine Holzleiste und meint: "Jo, was er macht, macht er rächt." Und damit hat er Serge nach langem Zögern akzeptiert.

Es hat soviel Werkzeug in Papas Werkstatt, dass es nicht nur für uns Kinder reicht, sondern auch für die Enkelkinder. Auch für die

Briefe

Mädchen. Du, Mama, hast oft gesagt: "Ä Frau brucht ihr eiges Gäld." Und ich sage: "Ä Frau brucht au ihr eiges Wärkzüg."

Und dann sitze ich lange in Papas Weinkeller. (Nicht beim Wein, den haben wir schon unter uns aufgeteilt. "Was, du als Mädchen willst auch Wein?", hat René gemeint. Hat der eine Ahnung!) Nein, ich finde Ordner um Ordner von alten Briefen. Papa scheint gern geschrieben zu haben, und er hat die Durchschläge seit 1930 sorgfältig eingeheftet.

In einem der Briefe geht es um das Klavier, das Mama bei der Heirat verkauft hat. Sie hat nie gerne Klavier gespielt. Weil sie als "Tochter aus besserem Hause" dazu gezwungen wurde? Im Institut gehörten die "Leçons de piano" selbstverständlich dazu, und dafür gab's im Zeugnis auch Noten. Ich selbst hätte als Mädchen liebend gerne Klavierspielen gelernt, aber dafür war Mama nicht zu haben. Mit dem Geld aus dem Verkauf des Klaviers haben sich meine Eltern ein Radio angeschafft. Es war eines der ersten in Laufen, worauf Papa stolz war.

Dann kommen viele Briefe aus der Zeit des Wegzugs von Laufen. Er hatte sich mit dem Direktor der Fabrik, in der er Prokurist war, zerstritten.

Briefe mit dem gleichen Datum zeigen, dass er an *einem* Tag seinen Austritt aus dem Bürgerrat, aus dem Turn- und aus dem Schützenverein gegeben hat.
Über diese Zeit hat er nie gerne gesprochen.

Wenn ich Papa gefragt hätte: "Hängsch eigentlich no an Laufe?" da wäre wohl seine wegwerfende Handbewegung gekommen: "Aba!" Als wollte er sagen: Das liegt doch alles längst hinter mir. Aber auch als er und meine Mutter längst weggezogen waren, hat er bis zu seinen letzten Tagen die "Nordschweiz" mit den Nachrichten aus Laufen genau gelesen. Besonders auch: "Wir gratulieren" und "Wir gedenken".

Für ihn gab es an dieser Stelle bei seinem Tod keinen Nachruf.

Dann folgen viele Briefe über die Gründung von Papas Geschäft in Basel. Er hat mir oft erzählt, wie schwierig es gewesen war, jemanden zu finden, der ihm das Geld liehte, um das kleine Geschäft aufbauen zu können. Weiter hinten in Papas Briefordner stosse ich immer wieder auf Auskünfte, die er über seine eigene Firma eingeholt hat. Es steht da in verschiedenen Varianten: "Es handelt sich um eine der bestsituierten Firmen der Branche am Ort", was rot unterstrichen war. Einmal wehrte er sich heftig beim Auskunftsbüro

"Zügs fürs Gschäft"

gegen den Satz: "Der Inhaber scheint kein einfacher Geschäftspartner zu sein..."

Wie staune ich, als ich sogar ein graphologisches Gutachten finde, das er in Auftrag gegeben hatte. Er war sonst für "so Zügs" nicht zu haben. "Die Schrift zeigt, dass es sich um einen gewinnenden, fähigen Mann handelt", steht darin, "nur scheint ihn von ganz früher her etwas zu belasten."

Was hat denn *dich* belastet, Papa?

Später, als Papa schon alt war, sah ich ihn manchmal, wenn ich im Vorrat etwas holte, durch die halbgeöffnete Türe in diesem Kellerraum sitzen an einem wackligen alten, Tisch. Er hatte Papiere vor sich, hat etwas geschrieben. Als ich einmal Mama gefragt habe, was Papa denn da unten im Weinkeller mache, meinte sie: "Halt Zügs fürs Gschäft."

Zügs fürs Gschäft. Ich merke erst heute wie oft ich selbst so dachte und wieviel Wegwerfendes darin liegt. Halt das Geld hereinbringen...
Dabei hast du uns damit Schutz gegeben: Ein Haus gebaut, eine Ausbildung ermöglicht und vieles mehr.
Hast du, um uns diesen Schutz geben zu können, all die Jahre hindurch Anspannungen

aushalten müssen, die für mich lange unsichtbar waren?

Ein Lebenslauf

Jetzt finde ich auch ein braun-grün gesprenkeltes, altes Heft. Ich öffne es und sehe in Papas Handschrift:
"Lebenslauf von Leo Frey aus Laufen."
Voll Spannung fange ich zu lesen an. In immer wieder anderer Tinten- oder Kugelschreiberfarbe hat er all die Daten festgehalten: Geburt, Lehrstelle in der Pfeifenfabrik, Arbeit als Prokurist in Laufen, Heirat, Geburt von uns Kindern, Gründung des eigenen Geschäfts in Basel, unsere Schulabschlüsse, runde Geburtstage und wo sie gefeiert wurden. Und hier: "Tod von Lily. Begräbnisessen im Goldenen Sternen."
Und dann steht nichts mehr.

Enttäuscht lege ich das Heft weg. Papa, warum hast du nichts über deine Gefühle geschrieben? Ich hätte doch gerne gewusst, wie dir bei all dem zumute war!
Nach Mamas Tod hast du nichts mehr eingetragen. Nichts über deine Krankheit. Nichts über dein Geburtstagsfest.
Ach Papa, war es für dich als Mann besonders schwer, auszudrücken, wenn du einsam oder traurig warst? Kamen deine Gefühle nur heraus im Ungeduldigsein, im Aufbrausen? Das konntest du allerdings!

Bei Mamas Sterben habe ich dich zum erstenmal weinen gesehen. Da bin ich erschrocken, und es hat mir auch gut getan.

Da fällt mir ein:
Weisst du noch, wie oft wir zwei an der Birs gestanden sind, wenn es Hochwasser hatte? Fasziniert haben wir dann in die wilden Fluten hineingeschaut. Normalerweise ist dieser Fluss, der von Laufen her kommt und hier im letzten Teil vor der Mündung mit Betonverbauungen begradigt ist, ein braves Wasser geworden.
Ja, ich weiss schon. Wäre dieser Fluss, der ganz in der Nähe meines jetzigen Hauses vorbeifliesst, nicht gezähmt worden, stände mein Keller immer wieder unter Wasser.

Der Taxifahrer

Am nächsten Tag finde ich oben im Herrenzimmer Papas letztes, abgetragenes und ausgebeultes Portemonnaie. Er hatte es mit Klebstreifen geflickt. In der Schublade des Schreibtisches liegen zwei neue Portemonnaies. Eines davon hatte ihm Mama vor langer Zeit geschenkt. In diesem alten schwarzen Portemonnaie hat es einen Zettel mit eigenartigen Stichworten:
Pfarrer – Taxifahrer – Petrus – geschlafen – gebetet. Was ist denn das?
Erst ein paar Tage später fällt es mir ein: Ah, das ist doch der Witz, den er immer wieder erzählt hat! Ihm ist zu jeder Gelegenheit ein

passender Witz eingefallen – Aber wie geht der nur? Ah ja: Ein Pfarrer und ein Taxifahrer kommen zur Himmelspforte. Vor ihr steht Petrus und mustert die beiden genau. Schliesslich sagt er zum Taxifahrer: "Gut, du kannst hineingehen." "Ja und ich?" fragt der Pfarrer entrüstet. "Du, warum solltest du hineinkönnen?" meint Petrus, "wenn *du* gepredigt hast, sind alle eingeschlafen. Wenn *er* gefahren ist, haben alle angefangen zu beten."

Gäll, Pape, gschtudiert sy, das isch scho öppis rächts, aber mängmol bringes die andere doch no wyter...

Die Aufziehmaus

Ah, zuunterst im Pult finde ich die graue, abgeschabte Aufziehmaus. Wie habe ich die als Kind gerne gehabt! Immer wieder hast du, Papa, sie mir zuliebe aufgezogen und laufen lassen. Einmal hast du damit Trudi erschreckt, eine Freundin unserer Familie, die gerade ein Kind erwartete. "Aber Leo", meinte da Mama entrüstet, "du machst noch, bis das Kind zu früh kommt!" Ich habe mir darauf als kleines Mädchen lange den Kopf zerbrochen, warum wohl die Maus die Kinder schneller bringt.
Die Maus nehme ich mit für meine Kinder.

Da, unter alten, noch ungebrauchten Agenden ist auch Papas Zauberschachtel: ein Becher, in dem eine Holzkugel plötzlich verschwin-

det; ineinander verhängte Nägel, die man kaum auseinanderbringen kann, ausser man weiss den Trick. Und hier ist das Schachspiel, mit dem wir zwei so oft gespielt haben.
Beim Spielen haben wir es so gut miteinander gehabt.

Mit der Zeit wird das Räumen mühsam. Immer ist da noch ein voller Kasten, noch ein Gestell mit Sachen drin!
Manchmal kommt René vorbei. Er holt die letzten ihm zugeteilten Weinflaschen aus dem Keller. "Wirf doch das Zeugs in den Container", sagt er, als er mich sieht, wie ich unschlüssig überlege, wohin die Sachen kommen sollen.

Endlich, nach einigen Wochen, ist es soweit. Verwandte und Freunde sind vorbeigekommen, um mitzunehmen, was sie brauchen können. Und der Stolz der Eltern, die schweren Einbauschränke aus Nussbaum und Eiche, die in der Stube und im Herrenzimmer standen, haben bei einer Gastarbeiterfamilie einen Platz gefunden.

Und schliesslich gehe ich zum letzten Mal durchs leere Haus.
Ich stehe noch einmal im Zimmer, das ich als junges Mädchen so gerne hatte. Helle Vier-

ecke auf der Tapete erzählen noch von den Kunstdrucken und Postkarten, die ich aufgehängt hatte. Und ich mache noch einmal das Fenster auf, an dem ich so oft gesessen bin und auf das grosse Kornfeld hinausgeschaut habe. Jetzt ist dieses Feld überbaut.

In der Küche stehen schon eine Leiter und Farbtöpfe. Da niemand von uns in dieses grosse Haus ziehen will, haben wir es vermietet.
Und dann schraube ich bei der Eingangstür das Schildchen "FREY – BACH" ab.

Zum letzten Mal gehe ich auch die Kellertreppe hinunter. Zwei kleine Velos lehnen an der Wand. Andere Kinder werden hier ihre Ecken und Schlupfwinkel suchen.

Wie ich noch einmal in Papas Weinkeller schaue, stutze ich. An der Wand, an der der Aktenschrank mit Papas Briefen stand, an dieser Wand sehe ich, wie eingezeichnet, einen Bogen aus helleren Steinen. Es sieht aus, wie wenn es hier einmal einen Durchgang gegeben hätte. Einen Durchgang zum Keller nebenan? Zu Mamas Keller, in dem sie ihre Gartensachen versorgt hatte?

Ein Durchgang?

Ein Durchgang zu dem Keller, in dem in meinen Träumen eine Quelle aufgebrochen ist?

Ich lege meinen Schlüssel auf den Küchentisch, ziehe die Haustüre hinter mir zu und gehe.

...und vom inneren Räumen

Ein paar Monate später bleibe ich in meinem eigenen Haus im Gang vor einem Bild stehen, dem Stilleben, das bei den Eltern über dem Sofa gehangen hat. Und plötzlich merke ich: Es ist zwar wertvoll, aber es gefällt mir nicht. Ich trage es in den Keller. Ich erinnere mich: Vor einiger Zeit haben die Zügelmänner das Sofa der Eltern fluchend und nur mit Müh' und Not das enge Treppenhaus hinaufgebracht. Sie stellen es auf Mamas Perserteppich, den ich schon in meinem Arbeitszimmer ausgerollt habe. Als sie gegangen sind, setze ich mich aufs Sofa. Und ich erschrecke: Das ist ja nicht mehr mein Raum, sondern der meiner Eltern!

Rasch beginne ich, den Teppich wieder einzurollen. Und dann fange ich langsam an, das Sofa mit meinen Kissen, meinem Teppich zu kombinieren.

Der Rucksack

Kurz danach habe ich einen Traum:

Ich keuche mit einem riesigen Rucksack bepackt einen steilen Bergpfad hinauf. Hinter mir treibt mich mein Vater an: "Los, lauf schon!" Da bleibe ich auch noch an einem Strauch mit wilden Rosen hängen. Verzweifelt greife ich nach meinem Messer, schneide kurzerhand die Rosen ab und werfe sie weg. "Gut," sagt Papa hinter mir, "so kommt man vorwärts!"

Wieder bleibe ich schwer atmend stehen. Da kommt ein Freund von mir den Berg herunter.

Er erzählt mir zufrieden, dass er schon in aller Frühe weit oben gewesen sei und Leute getroffen habe, die noch über altes Wissen verfügen.
Ich schaue erstaunt auf den Freund, der nur einen Regenschutz umgebunden hat, und dann sehe ich mich mit dem schweren Rucksack. Warum mühe ich mich denn mit all dem ab?
Wohin will ich denn eigentlich gehen? Ich schaue den Berg hinauf und sehe ein muffiges Tagungszentrum. Und plötzlich weiss ich: Dahin will ich ja gar nicht!
Da ziehe ich den Rucksack aus, setze mich hin und mache ihn auf. Was von all dem, was ich da mitschleppe, brauche ich denn wirklich?

In den nächsten Tagen sehe ich immer wieder dieses abgestandene Tagungszentrum vor mir. Heisst Tagungszentrum für mich Kurse und Referate halten, bei denen man sieht, "dass ich jemand bin?"
Da fällt mir die Geschichte von Peter Bichsel ein, in welcher Columbin, ein junger Bursche, gefragt wird: "Was willst du werden?" Da sagt er: "Ich will nichts werden, ich bin schon etwas, ich bin Columbin."
Und ich, was will ich denn werden?

Im Traum keuche ich den Berg hinauf. (Ich habe in den letzten Jahren oft Mühe mit dem Atmen.) Was schleppe ich denn da? Gibt's da auch Dinge, die ich, ohne es zu merken, mit mir trage, aus "Familientradition"? Was davon gehört eigentlich in den Rucksack von Papa und nicht in meinen?

Meine Eltern haben mir nicht nur Möbel und Geld hinterlassen, sondern auch ihre Art, im Leben durchzukommen.
Was davon ist für mich gut und was nimmt mir den Atem?

Nach dem äusseren Räumen ist nun das innere dran.

Papa

Das Sofa

Ich erinnere mich:
Es ist nach dem Mittagessen. Ich bin etwa zwölf. Du, Papa, hast einmal mehr über die Steuern geschimpft und über deine Angestellten. Dann hast du deine Serviette zusammengelegt und bist verstimmt zum Sofa hinübergegangen. Mama ist mit den Brüdern im "Bubenzimmer" verschwunden. Ich höre sie über etwas diskutieren – wie fast jeden Tag.
Ich stehe noch unschlüssig beim Esstisch und schaue zu dir hinüber. Du liegst da und schläfst. Immer schläfst du!
Warum setzest du dich nicht wenigstens heute einmal auf und fragst mich etwas, z.B. wie es mir geht, wie es in der Schule war? Du kennst meine Kameradinnen nicht und nicht meine Lehrer. Du hast keine Ahnung, wovon ich träume oder wann ich Geburtstag habe.
All das ist Mamas Sache.
Ich weiss schon, du bist müde von deiner Arbeit, deinem Geschäft. Und doch: In den Jungmädchenbüchern, die ich bekommen habe, kann man mit den Vätern so gut reden. Warum kann ich das nicht mit dir?

Ich schaue noch einmal traurig zu dir hinüber. Als ich kleiner war, bin ich in solchen Momenten in den Keller gegangen zu Zippo, un-

serem Hund. Mit ihm habe ich dann geredet, meinen Kopf an sein Fell gedrückt.
Jetzt gehe ich in meine Mansarde hinauf, setze mich ans Fenster und lese.

Später höre ich, wie die Küchentür ins Schloss fällt, und dann sehe ich dich mit dem Auto wegfahren. Wohin?

Papa, als ich klein war, da hast du noch viel mit mir, mit uns gespielt. Mit viel Ausdauer hast du Stoffdrachen gebastelt, die dann weit, weit in den Himmel hinaufgeflogen sind.
Doch später?

Warum hast du mich allein gelassen?
Ich hätte doch nicht nur eine Mutter, sondern auch einen Vater gebraucht!

Ich weiss, es gibt auch die andere Seite: Wie hast du dich gefühlt, wenn du Tag für Tag so allein auf dem Sofa gelegen bist, während Mama ihre Kinder um sich geschart hat? In diese "Mutterburg" konntest du wohl immer weniger hineinkommen.
Und du warst in unserer Familie halt schon zu dem geworden, "mit dem man sowieso nichts Interessantes reden kann". Und so hast du halt das Feld kampflos Mama überlassen.
War für dich ohnehin das Geschäft wichtiger? Dass man "etwas erreicht"?

Das Zeugnis

Mit 26 hast du in einem Brief geschrieben, dass es dein Lebensziel sei, deiner Familie einmal "eine Villa zu bauen". Nicht nur ein Haus, eine Villa. – Hat das all deine Kraft aufgesogen?

Für etwas hast du dich schon interessiert. Für meine Zeugnisse.

Beim Räumen habe ich in deinem Pult einen Praktikumsbericht gefunden aus meiner Lehrerseminarzeit. Auf der ersten Seite waren meine Fähigkeiten gelobt worden, auf der zweiten Seite wurden einige Schwierigkeiten genannt, an denen ich weiterarbeiten sollte. Du hast mit der viel kleineren Schrift deiner Schreibmaschine den letzten Satz auf der ersten Seite ergänzt. So konntest du deinen Bekannten nur die "gute" Seite zeigen.

Wo hatte meine andere Seite bei dir Platz?

Wie ich sie noch genau vor mir sehe, deine ungeduldige Handbewegung, mit der du jeweils – zack – vom Tisch gewischt hast, was du unwichtig oder mühsam fandest.

Letzthin habe ich mit Schrecken diese Bewegung an mir selber entdeckt, als meine Kinder etwas wollten, was mir nicht gerade einleuchtete. Was wische *ich* alles weg?

Das Mädchen mit den Zöpfen

Auch daran erinnere ich mich: Wir sind erst vor kurzem ins neue Haus eingezogen, das die Eltern gebaut haben. Rasch habe ich als etwa fünfjähriges Mädchen mein eigenes Haus entdeckt: Unter Mamas Küchenbalkon, wo auch Zippo, unser Hund, seine Hütte hat.

Und da stehe ich denn eines Tages vor diesem Balkon und zeichne auf dem Verputz voll Begeisterung ein Mädchen mit fliegenden Zöpfen und kräftig ausgestreckten Armen. Ich renne zu Mama: "Komm schnell, ich habe etwas ganz Schönes gemalt!" Wie Mama davor steht, meint sie: "Ui, wenn das Papa sieht!" Und wirklich, kaum sieht er mein Werk, da bekomme ich eine Ohrfeige, die mich fast umwirft. "Du Dotsch", und das an unser neues Haus!"

Dann schmettert er die Garagentür zu und fährt weg. Ich verziehe mich schluchzend mit meiner brennenden Wange zu Zippo in meine Balkonhöhle. Jetzt kommt Papa nie mehr zurück...

Dabei bist du ja wiedergekommen und mein gezeichnetes Mädchen ist stehengeblieben. Und ich habe mich immer wieder davorgestellt und trotzig gedacht: Aber schön ist es doch!

In deinen letzten Monaten habe ich dich, Papa, immer wieder gebeten, mir von früher zu erzählen. "Aba!" hast du zuerst gemeint, "da muss ich nur husten." Aber dann bist du doch ins Erzählen gekommen und hast dabei die Zeit und deine Schmerzen vergessen.

Von deiner Mutter hast du gerne und viel erzählt:
"Si isch ä gueti gsy und het d'Sach zämme ghebt." Und das war wohl nicht einfach. Sie hat 13 Kinder geboren, und vier davon hat sie sehr bald wieder verloren. Auf einem Foto sehe ich sie mit 62 Jahren, müde auf eine Hacke gelehnt, auf dem Feld stehen.

Ä Gringe

Von deinem Vater hast du nie erzählt. Du warst erst 24, als deine Mutter, und 26, als dein Vater starb. In den alten Fotoalben habe ich gesehen, dass du mit deinem ersten Fotoapparat deine Mutter ein paarmal aufgenommen hast. Von deinem Vater gibt es nur die zwei offiziellen Bilder, die zusammen mit deiner Mutter bei ihrer Hochzeit gemacht wurden.
Schliesslich hast du dann doch einmal von ihm gesagt: "Är isch halt ä Gringe gsy". Neben dem kleinen Bauernhof habe er als Steinmetz, Wegemacher und Aushilfstaglöhner in der Fabrik gearbeitet. Wenig sei es gewesen, was er dabei verdient habe. All die Arbeiten, die sonst niemand machen wollte, habe er gemacht. "I gse's no wie hüt. Wir haben ihm als Kinder immer wieder Werkzeug in den

Steinbruch bringen müssen. Davor haben wir uns gedrückt, wann immer wir konnten. Denn wenn wir ihm das falsche Werkzeug brachten, da hat es ein rechtes Donnerwetter gegeben!"

Erinnerst du dich an die Samstagnachmittage bei uns zu Hause, wenn wir Kinder dir das rechte Werkzeug reichen mussten und du so ungeduldig mit uns warst? Ja, Familientraditionen ...
Da hast du zu uns Kindern manchmal ungehalten und manchmal auch im Scherz gesagt: "Du chasch nüt und bisch nüt und wirdsch nüt!" Hast du diesen Satz schon von deinem Vater gehört?

"Hart isch är scho gsy, dr Vatter, bsunders mit uns sächs Buebe", hat mir einmal Onkel Hugi, Papas älterer Bruder, gesagt. "Aber wenn ich jetzt im Alter so zurückdenke, so sehe ich, dass er zwar schimpfend zur Stalltüre hinausgegangen ist, aber nach einer Weile kam er zur andern Türe wieder herein und dann war's ja wieder gut."

Bei seinen Eltern beide Seiten sehen können. Die harte Seite und die weiche, das Wegschieben und das Nähesuchen. Dazu fällt mir wieder der alte Traum ein, den ich von dir, Papa, einmal hatte:

Papa steht als riesige Statue aus Stahl vor mir. Wie soll ich nur an ihn herankommen? Da nehme ich eine Leiter und steige hinauf, bis ich durchs offene Visier sein Gesicht sehen kann. Es ist das liebe Gesicht eines alten Bauern.

Immer wieder hast du uns erzählt, wie du als Bub vor dem Gang in die Schule die Kühe melken musstest und danach noch die deiner Grosseltern. Und dann, wenn du endlich fertig warst und es dir grad noch gereicht hat, zur Zeit in die Schule zu kommen, da haben es dir die anderen noch draufgegeben: "Du schtinggsch jo nach Stall!"

Denen wolltest du es zeigen! Und du hast es ihnen "gezeigt". Sehr rasch warst du Prokurist in der Fabrik, in der dein Vater nur als Aushilfe Arbeit bekam. Und du hast auch dafür gesorgt, dass dort in schwierigen Zeiten zwei deiner Brüder angestellt wurden.
Und bald bist du auch Präsident des Burgerrates geworden.

Ach, Papa, du hast wohl so darunter gelitten, dass deine Eltern am Rande des Städtchens standen. Da hast du halt alles daran gesetzt, dass du und die Menschen, die du gern hattest, ihren Platz finden – mittendrin.

Hast du es auf jeden Fall einmal besser machen wollen als dein Vater? Hast du soviel deiner Lebenskraft in dieses Ziel gesetzt? Warst du deshalb oft hart zu andern – und auch zu dir selbst?

Papa, ich höre noch deine Stimme, wie du von deinem Vater erzählt hast. Mir scheint, es hat viel Groll, ja Bitterkeit darin gelegen. Aber daneben schwang auch eine Wärme mit. Es war, als ob du den Arm um deinen Vater legen und sagen würdest: "Är hets halt au nit eifach gha."

Was hörst du in *meiner* Stimme, wenn ich jetzt von dir erzähle? Und was werde ich einmal in der Stimme meiner Kinder hören?

Wilde Rosen

In meinem Traum vom Rucksack habe ich die wilden Rosen auf meinem Weg nach oben kurzerhand abgeschnitten und weggeworfen. Was werfe ich da weg? Mit meinem schweren Rucksack sehe ich nicht mehr, wohin ich eigentlich will und auch nicht, was ja da ist am Weg. Etwas Kostbares, etwas Geschenktes.

Bei den Indianern lautet eine alte Prophezeiung, dass man aus den Hagebutten dieser Rosen eines Tages ein Mittel gegen Krebs entwickeln wird.

Mama

Dich, Mama, habe ich leider viel zu wenig nach deiner Familie, nach deinen Wurzeln gefragt. Bei dir gab es auch kein Elternhaus mehr, in dem wir Kinder hätten Zimmer entdecken und Gerüche erschnuppern können. Und ich habe nie bei Verwandten von deiner Seite als Kind in die Ferien gehen können.
Dein Vater ist gestorben, als du 36 warst, und von deiner Mutter musstest du Abschied nehmen, als du mich als 38jährige Frau im Bauche trugst.
Du hast deine Eltern auch sehr kurz nacheinander verloren, fast im gleichen Alter wie ich. Hättest Du als Mutter von kleinen Kindern den Schutz deiner Eltern noch länger gebraucht, so wie ich selbst vielleicht auch? Die Menschen der älteren Generation kommen mir vor wie alte Bäume hinter meinem Haus, die den kalten Wind abhalten. Manchmal merkt man es erst, wenn sie nicht mehr da sind.

Von deinen Eltern weiss ich fast nichts.

Ich habe nur einen Brief gefunden, den du deinem Vater geschrieben hast, als deine Eltern schon alt waren. In ihm hast du ihn eindringlich gebeten, doch geduldiger und verständnisvoller mit deiner Mutter zu sein. Sie brauche es doch so.
So wie du selbst das gebraucht hättest?

Von deiner Mutter weiss ich nur, dass sie in ihren letzten Jahren sehr verwirrt war. Sie sei öfters weggegangen, und dann habe sie kaum mehr heimgefunden. Auch du, Mama, wolltest in deinen letzten Wochen weg, mitten in der Nacht. Und Papa hat mir erzählt, dass er mich als etwa 12jähriges Mädchen ein paarmal nach Mitternacht angetroffen habe, wie ich angekleidet im Gang gestanden bin. Wohin ich denn wolle? Ich wusste es nicht. Einfach weg.
Alle drei hatten wir Zeiten, in denen wir weggehen wollten. Weggehen wovor, weggehen wohin?

Das Nähnécessaire

Es war für deine Eltern und dich schwer, dass ihr viel weniger Geld hattet als früher in Frankreich.
Du hast nur einen viel älteren Bruder gehabt. Er lebte in der französischen Schweiz, hatte viele Kinder und war lange arbeitslos. Du hast dich immer wieder für ihn eingesetzt, auch bei eurer Heimatgemeinde in der Ostschweiz, woher ihr ursprünglich gekommen seid. Du hast versucht, Unterstützungsgelder für ihn zu bekommen. Das war nicht einfach, hast du mir viel später einmal erzählt. Und ich habe in deiner Stimme gehört, wie demütigend das für dich war. Aber du hast es gemacht.

Ja, Mama, wenn du gespürt hast, dass jemand in Not war, dann hast du geholfen. Und als praktische Frau wusstest du, dass es dabei nicht nur Worte braucht, sondern jemand, der auch etwas tut.

Zuhören ist gut, aber manchmal muss man auch Nadel und Faden nehmen und jemandem einen Knopf annähen. Dieses ganz praktische Helfen, das hast du mir immer wieder vorgelebt.
Ob mir deswegen soviel an deinem alten Nähnécessaire liegt?

Ein altes Foto

Meine Kinder haben zwei wunderschöne Holzkästchen geerbt. Dein Vater, Mama, hat sie mit viel Geschick für dich als kleines Mädchen geschreinert. Auf einem alten Foto sitzt er, ein schöner, etwas strenger Mann, in der Mitte. Hinter ihm steht deine Mutter, eine elegante Frau. Du stehst als etwa achtjähriges Mädchen neben deinem Vater und hast deine Hand voll Vertrauen auf seine gelegt.
Wie mich diese kleine Geste rührt! In meiner Erinnerung finde ich solche Zärtlichkeiten von dir so selten.

Wenn ich in meinem "inneren Fotobuch" zurückblättere, so stosse ich auf eine schöne Zeit, in der wir zwei ganz unbekümmert zusammen unterwegs waren:

Als ich schon Studentin war und mich die Reiselust packte, da haben wir zwei immer wieder unser Reisegepäck aus dem "Kofferraum" geholt und sind mit meinem roten "Deux-Chevaux" losgefahren. Nach Frankreich, in dein Land. Und dann sind wir im Burgund, der Provence oder in der Bretagne über Hügel und Täler den romanischen Kirchen nachgegangen.

Gestalten aus Stein

Zusammen sind wir vor Portalen und Kapitellen gestanden, die uns beide fasziniert haben: Vor Vater Abraham, der die vergnügten Seelen der Gestorbenen in seinem Schosse trägt, oder vor dem Ritter, der gerade einen Menschen aus dem Rachen eines Ungeheuers zieht.

Immer wieder muss ich daran denken, wie wir einmal auf gut Glück einem halb umgestürzten Wegweiser gefolgt sind: "Eglise romane". Wir hatten schon fast kein Benzin mehr, als wir endlich in einer menschenleeren Gegend doch noch auf ein Kirchlein stiessen. Im Chor fanden wir einen geheimnisvollen Deckel im Boden. Ich hob ihn auf und wir sahen eine Treppe, die in einen dunklen Raum hinunter führte. Langsam tastete ich mich die Stufen hinunter. Als ich ein Streichholz anzündete, leuchteten für einen Moment geheimnisvolle, halbverfallene Steingestalten auf.

Ein vergessener Raum im Keller. Haben wir in diesen ausdrucksstarken Figuren etwas gesucht, was in unserer Familie fast verlorengegangen ist? Etwas Direktes, Ursprüngliches?

Das Lächeln

Nie habe ich dich, Mama, so unbeschwert lachen gehört, wie auf unseren Frankreichreisen, wenn wir am Abend in einem kleinen Familienhotel sassen und uns als Dessert zu deinem Lieblingswein noch einen feinen französischen Käse gönnten.

Ach Mama, wo ist denn dieses freie Lachen geblieben? Konntest du nur so unbeschwert sein, wenn du wieder in deinem Element warst, in deinem Land, in deiner Sprache, deiner Kultur?

Oder hat man dir beigebracht: "Une jeune fille bien élevée ne rit pas comme-ça"? Ein gut erzogenes Mädchen lacht nicht laut heraus?
In meiner Erinnerung sehe ich dich nur lächeln.
Und als wir Kinder grösser wurden und dich immer weniger brauchten, da sehe ich einen leicht bitteren Zug um deinen Mund.

Als du gespürt hast, dass wir deine selbst-genähten Kleider nicht mehr schätzten, da hast du die Zickzackschere und den Stickrahmen versorgt. Und auch die Fischform, mit der du so feine Mandelkuchen gemacht hast. Was soll's, wenn niemand es schätzt?

Der Secrétaire

Stunden um Stunden bist du dann an deinem Secrétaire gesessen und hast genauestens Buch geführt darüber, was für Schulnoten wir heimbrachten, welche Kleider für uns gekauft wurden oder mit wem ich ausgegangen bin.

Wieviel Kraft hast du in dieses Leben aus zweiter Hand gesteckt! Und in dein eigenes?

Auf alten Fotos sehe ich dich als eigenwilliges, ja trotziges Mädchen. "Julie" steht hinten drauf. Papa hat dich immer nur Lily genannt. War ihm "Julie" zu weit weg?
Wo ist die eigenwillige Julie geblieben?

Deine Freundinnen hatten die Möglichkeit, ihre Fähigkeiten in einem Beruf einzusetzen oder als Geschäftsfrauen. Du hast Papa beim Aufbau des Geschäftes wohl indirekt viel geholfen. Doch als es gut lief, hat er zu Hause nur noch wenig erzählt.
Da hast du dein Organisationstalent wenigstens zum Planen von Reisen gebraucht. Reisen mit uns oder mit Bekannten.
Papa kam selten mit. "Aber geh du nur", hat er gemeint.

Drucksachen

Ich habe dich oft im Wohnzimmer am Sofatischchen sitzen sehen mit einer riesigen Schere in der Hand. Du hast Stunden um Stunden Artikel aus der Zeitung ausgeschnitten, von denen du fandest, sie müssten uns Kinder interessieren. Du wärst eine gute Archivarin geworden.

Ich sehe mich noch, wie ich als junge Mutter den Briefkasten aufmache und schon wieder eines dieser grauen Couverts finde, auf die du mit deiner grossen, klaren Schrift "Imprimées" geschrieben hast. Nichts als Zeitungsartikel sind drin.

Wie hätten mir besonders in jener Zeit persönliche Briefe von dir gut getan! Briefe, in denen du Anteil genommen hättest an meinem Leben, und in denen du mir erzählt hättest, wie es *dir* als junge Mutter zumute war. Aber hättest du denn wirklich Anteil an meinem Leben nehmen können? Du hast ja in einer ganz anderen Welt gelebt.

Und viel von meinen Belastungen habe ich dir nicht gezeigt.

Eigentlich schade. Vielleicht wäre es für uns beide eine Chance gewesen, uns näher zu kommen.

Heute denke ich, du hättest mir doch auch schreiben oder sagen sollen, wie es *dir* als älter werdende Mutter gegangen ist. Wie du dich gefühlt hast in dem grossen, leeren Haus nach unserem Auszug.

Aber hätte ich das damals wissen wollen? Und doch. Einander schonen hat seine Zeit – und auch einander stören.

Die Vase

Dich, Mama, habe ich nur einmal weinen sehen. Eine Schwester von Papa war gestorben. Wir sassen nach dem Essen noch am Tisch und kamen aufs Sterben zu sprechen. Papa meinte, bei der Beerdigung von euch zwei brauche es dann keine Blumen. Da bist du, Mama, abrupt aufgestanden und zum Fauteuil hinübergegangen. "Nicht einmal dann...", hast du gesagt, und ein tiefes Schluchzen hat dich lange geschüttelt. Erschrocken und hilflos habe ich mich neben dich gestellt.

"Stell dir vor", hast du mir später einmal erzählt, "dein Papa hat mir zur Verlobung eine Vase geschenkt – ohne Blumen!" – Typisch Mama, habe ich damals gedacht, bei ihr muss alles "comme il faut" sein.

Heute kann ich noch etwas anderes sehen. Hat dir Papa wieder einen Rahmen geboten, der für dich wie eine Vase war: Ein schönes Haus und ein Dienstmädchen? So ist dir auch Zeit geblieben zum Lesen. Aber hast du immer wieder auf sein Anteilnehmen, seine Geduld gewartet? Wie auf Blumen für die leere Vase?

"Weisst du", hast du mir im Alter noch mit einem leicht bitteren Ton gesagt: "Am Sonntag, wenn's zur Kirche geläutet hat, habe ich mich noch mit euren Mützchen und Stiefelchen herumgeschlagen, während Papa sich schon längst auf den Weg gemacht hat."

Papa konnte so schwer zeigen, wenn er jemanden gerne hatte.

Als ich etwa 18 war, hat mir ein Freund von Papa erzählt, mit wieviel Stolz und Freude er von mir reden würde. Ich war erstaunt. Davon habe ich damals nichts gespürt.
Als ich ihm später sagte, er solle doch ein wenig mehr zeigen, was ihn freut, da hat er mit einem unsicheren Lachen gemeint: "Aba, by uns dehei het me halt nit so e Zügs gmacht."

Wie hättest du gestaunt, Mama. Eines Tages kam Papa als 83jähriger Witwer mit seiner Agenda zu mir. Etwas verlegen fragte er: "Du, wann sind jetzt schon wieder all die Geburtstage?" Früher hatten ihn die nie sonderlich interessiert. "Für was au, das macht doch d'Frau."
Von da an stand an den Geburtstagen für uns und unsere Kinder immer etwas Süsses auf dem Radio bereit.

"Eiges Gäld"

Umgekehrt haben wir Kinder immer wieder deinen Namenstag, Mama, vergessen, der dir doch so wichtig war und der in deiner Familie in Frankreich immer gefeiert wurde. Aber weisst du, es wurde für uns auch immer schwieriger, dir etwas zu schenken, weil du es immer schon wortlos gefordert hast. An Weihnachten, an Ostern, am Muttertag, am Geburts- und am Namenstag.
Diese wortlosen Erwartungen, wie schleichen sich die auch bei mir immer wieder ein!

An unseren Geburts- und Namenstagen fanden wir am Vorabend immer zwei Geschenke auf dem kleinen Tisch in der Stube. Auf dem einen stand geschrieben "Von Papa" und auf dem andern "Von Mama". Es lag dir viel daran, uns aus deinem "Märkligeld" ein eigenes Geschenk machen zu können.

Wie hast du dich später gefreut, als du Papa überreden konntest, das AHV-Geld an beide Ehepartner getrennt auszahlen zu lassen. Als ich deinen Schreibtisch geräumt habe, ist mir ein grünes Zettelchen in die Hand gekommen: "Fr. 300.– AHV!" Und daneben hast du mit roter Farbe geschrieben: "Pour moi!"

Für dich, Mama, endlich eigenes Geld für *dich*.

Rufen

Letzthin habe ich Fieber gehabt und bin an einem Nachmittag mit schmerzenden Gliedern im Bett gelegen. Nach einiger Zeit habe ich gedacht: Könnten denn die Kinder oder das Mädchen, das sie hütet, nicht endlich einmal kommen und fragen, wie es mir geht? Schliesslich bin ich mühsam die Treppe hinuntergegangen und habe mir mit zusammengepressten Lippen in der Küche zu schaffen gemacht. Da habe ich plötzlich dich, Mama, in mir gesehen. Genau so bist du jeweils am Schüttstein gestanden!
Da habe ich mir einen Ruck gegeben, bin in die Stube gegangen und habe die anderen gebeten, mir einen Tee zu machen und ein wenig an mein Bett zu sitzen. Darauf sind sie aufgestanden, haben Wasser aufgesetzt und sind nachher zu mir gesessen.

Als ich mit den Kindern ein paar Tage später darüber sprach, wie mir an diesem Nachmittag zumute war, da hat mein Sohn Andri gefragt: "Warum hast du denn nicht gerufen?"

Gell, rufen ist schwer; für dich, Mama, und für mich, Sylvia.

"Sei tüchtig", hast du, Mama, mir mitgegeben, "aber falle nicht auf."
"Schau, dass du es als eine Frey zu etwas Rechtem bringst. Aber denk dran, Mutterwerden ist für eine Frau doch das Wichtigste."

Im Schatten

Als ich 30 war, haben mir diese widersprüchlichen Sätze schwer zu schaffen gemacht. Ich spürte immer stärker den Wunsch, Kinder zu haben. Aber würde ich dann, als Mutter, nicht ebenfalls unmerklich aus dem Scheinwerferlicht des Familieninteresses in den Schatten gleiten, so wie ich es bei dir zu sehen glaubte? Mutter sein, so wie du es mir vorgelebt hast, hiess für mich damals, einen grossen Teil meiner Fähigkeiten zu vergraben.

Ich hatte Angst davor, langsam zu Hause im Sofa versinkend zu einem Einrichtungsgegenstand zu werden, den niemand mehr sieht.

Ich erinnere mich:
Papa sitzt mit umwölktem Gesicht am kleinen Tisch in der Stube vor seiner "Nordschweiz". Sagt kein Wort. Du, Mama, gibst uns ein Zeichen: "Seid still Kinder, es hat Föhn!" Was soviel heisst wie: Die Luft ist wieder dick. Und wirklich, schon steht Papa mit einer unwirschen Bemerkung auf, nimmt den Hut und schlägt die Küchentür hinter sich zu.
Du stehst beim Kühlschrank, mit schmalen Lippen und eingezogenen Schultern. Ich weiss noch, wie ich als Mädchen neben dir in der Küche gestanden bin und innerlich zu dir gesagt habe:
So wehr dich doch!

Der Spiegel

Lange habe ich einen Groll auf dich gespürt, auf das Vor-Bild, das ich in dir sah:
Mama, was hast du denn mit deinen eigenen Farben gemacht?

Bis mir wieder in den Sinn kam, wie ich dich einige Wochen nach deinem Tod in der Nacht gesehen habe:
Streng und übergross bist du an meinem Bett gestanden und hast gesagt: "Du und Papa, ihr habt mich unter die Steine gebracht."
Zutiefst erschrocken habe ich mich abgewandt.
Da sagte eine Stimme in mir: "Was sagst du den Kindern, wenn sie vor etwas Angst haben?" – "Du musst nur genau hinschauen."
Da habe ich all meine Kraft zusammengenommen, mich umgedreht und zu dir, Mama, gesagt:
"Und du, was hast d u aus deinem Leben gemacht?"

Da standest du plötzlich in deiner normalen Grösse da, nicht mehr angstmachend, und bist langsam hinausgegangen – durch meinen Spiegel hindurch.

Dieser Traum hat mich lange beschäftigt.
Mama, gab es in dir einen Groll gegen Papa und deine Kinder, für die du soviel von dir aufgegeben hast? Und hast du in mich als einzige Tochter so vieles gelegt, was dann

nicht nach deinem Bilde herauskam? Warst du auch in manchem enttäuscht – von deinem Nach-Bild?

Aber du hast doch *dein* Leben gehabt – und ich meines.

Im Traum gehst du hinaus – durch meinen Spiegel. Was von mir spiegelt sich denn in dir?

Als ich vor Jahren heimkam und dir mitteilte, dass ich nun geschieden sei, da wusstest du nur zu sagen: "Wie kannst du mir das antun!" Wie ich dir das übelgenommen habe!

Ich habe doch *dir* nichts angetan, sondern, wenn schon, mir selbst!
Warum hast du *meinen* Schmerz, *meine* Not nicht sehen können?

Und jetzt sehe ich plötzlich, dass ich jahrelang das gleiche zu dir gesagt habe:

Mama, wie kannst du *mir* das antun, dass du so gelebt hast, wie du gelebt hast.
Aber du hast
mir nichts zuleide getan,
sondern, wenn schon, dir selbst.
Und auch ich habe *deinen* Schmerz, *deine* Not so lange nicht sehen können.

Und jetzt: Was mache ich mit *meinen* Möglichkeiten, *meinem* Leben?
Wie fülle ich *meine* Vase?

Früher hat man beim Sterben eines Menschen ein Fenster aufgemacht. Und in einer bestimmten Zeit danach hat man es wieder schliessen müssen. Aus Angst vor den Toten oder auch weil beide, die Lebenden und die Toten, ihren eigenen Raum, ihr eigenes Leben brauchen?

Mütter

Darauf habe ich einen Traum:
Ich habe mir an einem Nachmittag frei genommen und bin mit Mama ins Grüne hinausgefahren. Wir wollten miteinander reden. Auf dem Weg haben wir Tante Flora angetroffen, die mit ihren 90 Jahren Urgrossmutter ist. Auch sie war mit ihrer Mutter unterwegs, um mit ihr zu reden.

Auch Mütter haben Mütter haben Mütter haben Mütter. Und Väter Väter.

Und dann gibt es auch Töchter, die wieder Töchter haben.

Zum Schluss

Vier Pfündlein

Ja, Mama und Papa, wir haben es uns gegenseitig nicht leicht gemacht! So lange habe ich versucht, euch in Gedanken zu verändern. Ich hätte euch halt gerne anders gehabt, herzlicher und direkter. Bis ich euch endlich so nehmen konnte, wie ihr halt gewesen seid.

Und ihr hättet mich wohl oft auch gerne anders gehabt. Und vielleicht auch euch selbst.

Wie hat mich eine Stelle berührt, die ich erst jetzt gefunden habe, in der du, Mama, kurz nach Brunos Geburt an Papa geschrieben hast:
"Es hat mich beelendet, dass unser Bub mit vier Pfündlein die Welt antritt. So stiefmütterlich wollte ich ihn nicht behandeln, ich tat ja all die Monate alles zu seinem Gedeihen."

Mama, du hast uns nicht stiefmütterlich behandelt, sondern mütterlich. Als eine Mutter, die ihre Grenzen hat und ihre Geschichte.

Seit ich die Grenzen meiner Eltern mehr akzeptieren kann, kann ich auch mit meinen eigenen Grenzen besser leben.

Heisst gut sterben – und gut leben: In den (Lebens)spiegel hineinschauen und sich sehen mit den guten und den schwierigen Seiten? Und sagen: So bin ich, Gott. Nimmst du mich so?

Im Altwarenladen

Seit ich euch, meinen Eltern, sagen konnte, was mir gemangelt hat, seid ihr mir viel näher gekommen.

Ein Traum hat mich darauf gestossen, dass es nicht nur darum geht, euch zu sagen, was mir gefehlt hat, sondern euch auch zu danken für das, was ich von euch bekommen habe – und es auch zu nehmen!

Ich schaue mir in einem Altwarenladen sehr lange alte Gebrauchsgegenstände an: Einen Teller, eine Tasse, ein Teesieb. Eines nach dem andern lege ich wieder hin: Nein, das ist es nicht. Da kommt die Besitzerin und sagt: "In einer halben Stunde wird der Laden aufgelöst."
Um Himmelswillen, denke ich, ich muss doch noch etwas für mich finden. Da sehe ich eine schöne alte Tonvase, die schon die ganze Zeit direkt vor mir gestanden hat. "So eine suche ich ja schon lange", sage ich voller Freude. Da reicht mir die Frau die Vase.

Als ich erwache, weiss ich: Die Frau ist meine Mutter.

In der darauf folgenden Zeit habe ich versucht, mich an Gesten zu erinnern, die ich bei euch, Mama und Papa, besonders gern hatte.

Die Hacke

Bei dir, Mama, ist mir lange nichts eingefallen. Bis ich einmal im Garten stand und sah, wie hart und rissig die Erde war. Die Pflanzen taten mir leid.

Ich ging zum Schrank und suchte die Hacke. Und da sehe ich dich, Mama, plötzlich ganz klar vor mir: Während wir Kinder jedes in unserem eigenen Zimmer vor den Büchern sitzen und Papa etwas im Keller sucht, stehst du im Garten und bist daran, die Erde mit einer Hacke aufzulockern. "Einmal lockern ersetzt manchen Regen", hast du oft gesagt. Und jetzt fällt mir auch der alte Traum wieder ein, den ich hatte, als du schwer krank warst: *Ich will verreisen, aber etwas hält mich zurück. Im Schlafzimmer von Mama steht ihr Gartengerät. Was mache ich damit?*

Ja, Mama, du hast nicht nur zwischen Pflanzen die Erde gelockert, sondern auch zwischen uns in der Familie, wenn sich etwas verhärtet hat.

Auch für dich war es zuerst nicht einfach gewesen, Serge als Schwiegersohn anzunehmen. Doch als du gesehen hast, wie Papa und ich uns verhärteten und verschanzten und wie schlecht es uns beiden dabei ging, da hast du auf deine Art gehandelt:

Ich war in Zürich, wo wir damals gewohnt hatten, im Spital. Zwei Tage nach meiner ersten, so schwierigen Geburt. Ihr seid an der Beerdigung von Papas Bruder gewesen. In Zürich musstet ihr umsteigen nach Basel. Da hast du Papa am Bahnhof allein zurückfahren lassen und bist unerwartet zur Zimmertüre hereingekommen. Und du hast, ohne viel zu sagen, ein Strampelhöschen auf die Bettdecke gelegt.
Danach konnten auch Papa und ich leichter einen Schritt aufeinander zu machen.

Du, Mama, hast in deinem Leben immer wieder Menschen geholfen durch dein Zuhören, dein Interesse und praktische Hilfen. Damit ist manches wieder lockerer und leichter geworden.

Den Boden auflockern in Menschen und zwischen Menschen, das ist auch mir wichtig in meinem Beruf. Es ist oft eine fast unsichtbare Arbeit. Und doch braucht es sie, und sie ist nicht einfach.

Und ich selbst habe so lange nicht sehen können, wie wichtig für uns alle d e i n Bodenlockern war, Mama! Das tut mir leid.

Ein wenig Abendsonne

Manchmal ist das Leben selbst wie ein guter Gärtner, der gerade in schwierigen Zeiten den hart gewordenen Boden wieder aufbricht.
Als du in deinen letzten Monaten krank wurdest, konnte sich noch soviel lockern und verändern.
Du bist eine Frau gewesen, die so manches in unserer Familie zusammenhalten wollte. Bis dir die Krankheit die Zügel aus den Händen genommen hat. Da endlich durftest auch du einmal müde und verwirrt sein. Bekamst du da, bei allem Schweren, auch die Ruhe, um zu dir selbst zu schauen, zu dem, was in den letzten Wochen für *dich* wichtig wurde?

Ich merke jetzt, wie diese Krankheitstage auch für mich, für uns kostbar waren. Papa konnte endlich – wieder? – besorgt, ja zärtlich zu dir sein.
Und ich?
Du hast mir am Anfang des Lebens zu trinken gegeben und mich bei meinen ersten Schritten gehalten. Und ich konnte dir am Ende deines Lebens zu trinken geben und dich stützen bei deinen letzten Schritten. Das war gut für mich.
So hat ein Kreis sich schliessen können.

Wie gut hat es mir auch getan, in deinen letzten Wochen und Tagen neben dir sitzen zu können, ohne viel tun oder sagen zu müssen. In diesen Augenblicken hatte ich das Gefühl von etwas sehr, sehr Weitem, Zeitlosem.
Spürte ich, wie etwas in dir zur Ruhe kam?
Wenn wir in dieser Stille zusammen waren, hatte ich den Eindruck, als sei das Zimmer von jenem warmen Licht erfüllt, das manchmal an Abenden im Spätsommer aufscheint. Es ist die Sonne, die sich im Fenster des gegenüberliegenden Hauses spiegelt.

Ja und dir, Papa, wofür möchte ich dir noch danken?

Der Wein

Welche Geste fällt mir zu dir ein?
Da muss ich nicht lange überlegen. Es ist deine Art, wie du einen Wein geholt und aufgemacht hast. Besonders an wichtigen Übergängen im Leben.

So hast du auf deinem Sterbebett mit uns angestossen: "Kommt, jetzt seid doch nicht so durcheinander. I ha jo gläbt, und s'isch ä rächts Läbe gsy."

Oder: Damals, als ich dir sagte, dass ich nun geschieden sei, hast du zuerst einen Moment geschwiegen und dann gesagt: "Jo, und jetzt mache mer e guete Wy uf." Als Mama dich anfuhr: "Du weisst ja gar nicht, wie schlimm das ist!", da hast du ihr die Hand aufs Knie gelegt und gesagt: "Komm, Lily, jetzt bring uns noch Käse und Brot."

Die Hand auf dem Knie

Das ist eine andere Geste von dir, die ich gerne gehabt habe. Wenn du jemandem so spontan die Hand aufs Knie gelegt hast.

Etwa auch, wenn du sehr vergnügt warst. Das warst du oft, wenn Freunde von dir und Mama da waren. Dir ist dann wieder einmal ein guter Witz eingefallen. Schon beim Erzählen hast du dabei lachend deiner Nachbarin auf den Schenkel geklopft. Ich fand das – wie Mama – ein bisschen daneben, aber noch viel mehr war ich froh, dass du damit immer wieder etwas Unkompliziertes in unser Haus gebracht hast.

Ja, und dann konntest du jemandem auch ganz sacht die Hand aufs Knie legen, als wolltest du sagen: S'isch scho rächt.

Jo, Pappe, trotz allem und au wäge allem: S'isch scho rächt.

Der Sonntagsausflug

Früher habe ich oft gedacht: Ich mach's dann einmal ganz anders als meine Eltern! Ja, zum Teil habe ich es auch lange ganz anders gemacht!

Es ist Sonntag um zwei Uhr. Ich sage: "Kommt, Kinder, wir gehen ein wenig hinaus. Die Sonne scheint so schön." "Ich will in den Wald, ins Elsass", sagt Anne-Lea. "Was, ins Elsass, schon wieder", meint Andri, "nein, ich will ins Schwimmbad." "Was", sage ich, "am Sonntag, bei den vielen Leuten! Kommt, wir fahren mit dem Velo zum Rhein hinunter, spielen Pingpong und dann gehen wir einen Kuchen essen im Café." "Nein", sagt meine Tochter, "in ein Café bringt ihr mich nicht hinein..."
Wir reden und argumentieren und diskutieren... bis die Sonne schon nicht mehr so schön scheint.

Papa, da hast du's doch einfacher gehabt. Du fandest den Schwarzwald schön und ganz schön daran das Wiesental. Da hiess es halt *jeden* Sonntag (wenigstens in meiner Erinnerung) "Wir gehen ins Wiesental." Wir drei Kinder wurden kurzerhand hinten ins Auto gepackt und ab ging's.

Ja, meine Erziehung und eure Erziehung! Und welche ist jetzt besser? Später habe ich mich immer wieder dabei ertappt, wie ich die

Die gläserne Pyramide

gleichen Sätze brauchte, die ich bei dir, Mama, so blöd fand, etwa: "So versorg's doch grad. Eins nach em andere wie z' Paris." Mache ich doch das Gleiche wie du?

Ich erinnere mich:
Ich habe mit besonderer Liebe etwas Gutes im Ofen gekocht, das die Kinder in zehn Minuten in sich hineingeschlungen haben. Ich habe noch Wäsche obgetan, weil Andri für das Geburtstagsfest am nächsten Tag unbedingt seine weisse Lieblingshose brauchte. Ich habe Anne-Lea Französischwörter abgefragt, ich habe, ich habe... Wie ich die Kinder jetzt bitte, das trockene Geschirr zu versorgen, und sie sagen: "Was, nei, ich bi nit dra, ich muess no...", da reicht es mir: Ich schmettere das Französischheft auf den Küchentisch, fauche sie an und verziehe mich in mein Zimmer. Innerlich kochend, lege ich mich mit einem Buch in der Hand aufs Bett. Und ich merke: Ich habe wieder Mühe mit Atmen. "Du schaffst es nicht mit den Kindern", höre ich eine Stimme in mir. Und auch: "Einmal mehr lassen sie dich allein."
Und da sehe ich mich als Mama am Secrétaire sitzen, und ich spüre, wie ich in einer gläsernen Pyramide drin bin und wie diese Pyramide immer dicker wird. *Darin ersticke ich ja!*

Und wirklich, mein Atem geht schwer und schwerer.

Vielleicht hilft Ablenken: Ich nehme mein Buch und lese eine persische Geschichte: Zu einem berühmten Gelehrten kommt ein Mann und sagt: "Du, der du in die Zukunft siehst, sag' mir: Bekomme ich ein Mädchen oder einen Knaben?" Mit wichtiger Miene sagt dieser: "Ich sehe es klar, es ist ein Bub." Nach einigen Monaten kommt der Mann wieder und sagt zum Gelehrten: "Du hast dich geirrt, es ist ein Mädchen. Aber sage mir in deiner Weisheit etwas über ihr Leben." "Ich sehe es genau", meint dieser, zieht die Stirne zusammen und schaut angestrengt in die Weite. "Sie wird eine berühmte Gelehrte werden." Nach zwei Jahren war die Tochter gestorben.

Da muss ich über all die falschen Prophezeiungen so lachen – und plötzlich kann ich wieder ganz leicht atmen.

Erst heute weiss ich, warum dieses Lachen eine solch gute Medizin war. Ich habe mich, ohne es zu merken, ja selbst in meiner Prophezeiung wie in einer luftleeren Pyramide eingeschlossen: Mir wird's genauso gehen wie meiner Mutter!

Nein, warum denn? Ich muss nicht so vieles allein machen wie meine Mutter! Und ich kann rufen lernen.

Einmal, als ich traurig am Küchentisch sass, fragte mich Andri, was ich denn habe. "Ach weisst du, ich habe mich gerade als Kind auf der Kellertreppe sitzen sehen, weil ich keinen Platz habe finden können bei meinen Eltern in der Stube."

Da sagte Andri: "Hett denn dä Käller kei Usgang?"

Und hier noch mein letzter Traum: (Wie haben mich meine Träume auf dem Weg zu meinen Eltern und zu mir selbst begleitet!)

Der Flügel

Ich spiele meisterhaft auf einem Flügel.
Beim Erwachen, muss ich laut lachen. Ich und auf einem Flügel spielen! Ich kann mit Müh' und Not auf einem Klavier ein Liedchen klimpern: Es waren zwei Königskinder... Und sowieso, da muss im Traum ein Irrtum sein. Ein Frey ist unmusikalisch. Davon sind wir alle zutiefst überzeugt. Ein Frey kann diskutieren, etwas erläutern, das schon. Aber das zum Tönen bringen, was an Gefühlen in uns ist, was uns freut und plagt?

Aber ich *habe* im Traum auf dem Flügel gespielt.

Um spielen zu können, habe ich in meinen Spiegel schauen müssen.

Ich bin auf die Suche gegangen nach dem
Bild meiner Eltern.
Und habe mich im Spiegel selbst gesehen.

Neben ihrem Schatten
ist mein Schatten sichtbar geworden.
Und neben ihrem Licht
auch mein Licht.

Ich habe ihre Sprachlosigkeit gesehen und
finde nun meine Sprache.

Doch hier noch der Traum als Ganzes:
*Ich stehe vor der Himmelspforte. Da kommt
mir Petrus entgegen und sagt: "Halt, halt. Da
kannst du nicht einfach hineingehen. Für dich
haben wir noch eine besondere Aufgabe.
Siehst du die zwölf Spiegel? Es sind zwölf
Eingänge. Vor jedem musst du Musik machen."
Da rollt ein herrlicher Flügel heran.
Ich setze mich hin und greife voll in die Tasten wie ein Maestro, nein, wie eine Maestra,
so dass die Engel erstaunt aus dem Himmel
schauen: Wer spielt denn so herrlich? Da
rollt der Flügel auch schon zum zweiten
Spiegel. Ich werf' einen Blick auf all die anderen Spiegel, die ich noch vor mir habe.
Und dann spiele ich weiter.
Und ich spiele und spiele!*

**Erklärung einiger Dialektwörter
und der verwendeten
französischen Ausdrücke**

abchrazze	sterben
ä Gringe	ein Geringer, Unwerter
AHV-Geld	Altersrente
Atelier	Nähstube, Werkstatt
avertieren	benachrichtigen
Branche	Berufsgebiet
Bräschte	Leiden
Comme il faut	Wie es sich gehört
Daunenduvet	Daunendeckbett
Dessert	Nachspeise
Dotsch	Dummkopf
Eglise romane	romanische Kirche
Fauteuil	Sessel
Föhn	warmer Wind, hier: schlechte Stimmung
fragil	zerbrechlich
Imprimé	Drucksache
jassen	Schweizer Kartenspiel
Küchenbuffet	Küchenschrank
Leçons de piano	Klavierstunden
Nähnécessaire	Nähzeugbehälter
parat	bereit
partir c'est mourir un peu	Weggehen ist ein wenig sterben
Portemonnaie	Geldbeutel
pressiert	in Eile
reçu de maman	von Mama bekommen
réduit	Kern einer Festung, kleiner Raum
reklamiere	sich beschweren
rendement	Ausbeute
Secrétaire	Schreibtisch
Velo	Fahrrad

Ein "Mitgeh-Text"?

Übergänge im Leben sind nicht einfach. Das Sterben nahestehender Menschen, die Geburt eines Kindes, eine Trennung, eine Umstrukturierung am Arbeitsplatz, der Weggang einer Tochter, eines Sohnes, der Einzug ins Altersheim – all dies sind schwierige Übergangssituationen. Sie spielen sich hinter den Türen ab – von Wohnungen, von Büros. Oft werden Menschen damit sehr alleingelassen.

Das Unbekannte macht uns oft mehr Angst als nötig. Wir können uns nicht vorstellen, dass am Ende etwas Neues wachsen kann. Wir schieben Schwieriges weg und verpassen den guten Moment, etwas Vertrautes loszulassen, Neues zu wagen.

Wenn wir mit jemandem mitgehen können durch einen solchen Übergang, so kann uns das Mut machen.

Dieser "Mitgeh-Text" soll der Anfang einer Reihe von Texten zum Thema Übergänge sein. Sie sollen eine Lücke füllen zwischen dem Fachbuch und literarischen Texten und die Möglichkeit geben:
• einen Blick in die "Landkarte" einer kommenden Lebensphase zu werfen;
• schon Erfahrenes noch einmal anzuschauen;
• als "Eisbrecher" zu wirken, um mit anderen ins Gespräch zu kommen – im privaten Rahmen wie auch in Arbeitsgruppen;
• Fachleuten im sozial-medizinischen Bereich, die aus ihrem persönlichen Leben die jeweilige Erfahrung nicht mitbringen, einen Einblick zu geben in das Spannungsfeld, in das direkt betroffene Menschen in Übergangssituationen kommen.

Die Publikation weiterer solcher "Mitgeh-Texte" ist geplant. Möchten Sie vielleicht selber über ein solches Thema schreiben? Schreiben Sie uns doch!